国家级一流专业建设—会计学专业
国家级一流专业建设—财务管理专业
国家级一流本科课程—会计学原理
省级一流专业建设—审计学专业

IPO 公司机会主义行为研究

基于外部利益相关者影响视角

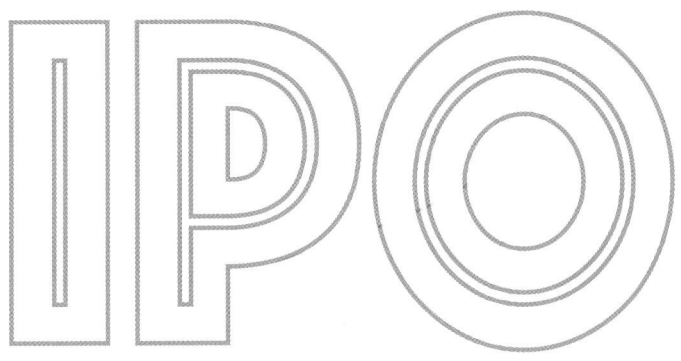

邱静 范钦钦 著

中国社会科学出版社

图书在版编目（CIP）数据

IPO 公司机会主义行为研究：基于外部利益相关者影响视角 / 邱静，范钦钦著 . —北京：中国社会科学出版社，2023.8
ISBN 978-7-5227-2490-4

Ⅰ.①I… Ⅱ.①邱… ②范… Ⅲ.①上市公司—企业管理—研究—中国 Ⅳ.①F279.246

中国国家版本馆 CIP 数据核字（2023）第 155212 号

出 版 人	赵剑英
责任编辑	任睿明　刘晓红
责任校对	周晓东
责任印制	戴　宽
出　　版	中国社会科学出版社
社　　址	北京鼓楼西大街甲 158 号
邮　　编	100720
网　　址	http://www.csspw.cn
发 行 部	010-84083685
门 市 部	010-84029450
经　　销	新华书店及其他书店
印　　刷	北京君升印刷有限公司
装　　订	廊坊市广阳区广增装订厂
版　　次	2023 年 8 月第 1 版
印　　次	2023 年 8 月第 1 次印刷
开　　本	710×1000　1/16
印　　张	11.25
字　　数	170 千字
定　　价	59.00 元

凡购买中国社会科学出版社图书，如有质量问题请与本社营销中心联系调换
电话：010-84083683
版权所有　侵权必究

前　言

　　1990年12月，上海证券交易所、深圳证券交易所建立，标志着我国改革开放后以股票集中交易为主要特征的资本市场就此诞生。经历了30余年的风雨兼程、砥砺奋进，我国资本市场在不懈努力与攻坚克难中取得了举世瞩目的巨大成就，迎来了高质量发展的新时代。在党中央、国务院的坚强领导下，从最初的探索成长到规范发展，再到改革发展的新阶段，我国资本市场在科学指导与积极探索中逐步走出了一条符合自身国情及社会主义经济发展规律的道路。党的二十大的胜利召开，是资本市场服务经济高质量发展的新起点、新征程。党的二十大对以中国式现代化全面推进中华民族伟大复兴作出战略部署，对全面建成社会主义现代化强国两步走战略安排进行了宏观展望。资本市场作为现代金融体系的重要组成部分、市场化配置资源的主战场，需要更好地发挥枢纽作用，担当历史使命，服务实体经济发展。"健全资本市场功能，提高直接融资比重"，是党的二十大报告为新形势下的资本市场改革发展稳定工作部署的重要任务，这两项任务紧密联系，相辅相成。党的二十大对全面推进中华民族伟大复兴作出战略部署的同时，也对资本市场改革开放发展提出新的要求。站在新的起点上，资本市场有望进一步加快改革，完善多层次市场体系，健全资本市场功能，提高直接融资比重，加快建设中国特色现代资本市场，进一步助力推动经济社会高质量发展。

　　资本市场需要继续以自身的高质量发展推动实体经济高质量发展，进一步推动优质企业上市融资，进一步促进基金业健康发展，进一步提升上市公司质量，进一步营造支持资本市场发展的良好环境。近年来，多层次的市场体系日益完善，基础制度改革取得突破，股票发行注册制科创板增量与创业板存量改革试点先后成功落地。注册制改革是资本市场服务高质量发展的一个缩影,全面实行注册制是坚定不移走中国特色现代资本市场之路的实际行动。本次改革突出了市场化、法治化的改革方向,提高了发行上市制度对实体经济的包容性和适应性,激发了市场活力。中国证券监督委员会和国家有关部门按照中央的要求,对推行注册制相关联的投资者保护制度、上市公司正常化常态化制度、信息披露制度以及交易所加强监督管理都做出了卓有成效的贡献。立足于注册制的内涵,重中之重是正确处理政府与市场的关系,真正将选择权交给市场,最大限度减少不必要的干预。注册制转型有利于优化新股发行管理模式、改善投机氛围和壳资源稀缺问题,然而,将核准制下发行条件中可以由投资者判断的事项转化为信息披露要求,对投资专业性的要求更高,投资者权益是否得到保障,将更依赖企业披露信息的质量。

在资本市场中,企业从来不是脱离社会环境而孤立存在的个体,其在经营运作中与外部利益相关者存在千丝万缕的联系,注册制下资本市场的运作也不例外。在注册制下政府监管机构对拟上市企业申报文件的全面性、准确性、真实性和及时性进行形式审查,推动各市场主体归位尽责并明确发行人是信息披露的第一责任人;而中介机构对发行人的信息披露资料承担核查验证和专业把关的责任;证券交易所就企业是否符合发行上市条件和信息披露要求向证监会报送审核意见;证监会在注册环节对交易所审核质量及发行条件、信息披露的重要方面进行把关并监督;投资者根据披露的信息审慎作出投资决策,自主判断投资价值。我国注册制转型是一个循序渐进的过程,政府监管核准内容减少、审核范围缩小、信息披露规定和要求增加及信息欺诈和市场操纵的惩罚机制趋于严格化,然而,这并不意味着注册制完全杜绝了企业机会主义行为的滋生。动机是行为永远的根源,只要市场中存在可获取的机会主义利益,就会导致机会主义行为的产生[①]。

---

① 本书所涉及的机会主义行为,指公司上市过程中与其他利益相关者互动产生的行为,也指"利己"行为,其不一定"损人",本身不带贬义色彩。

前　言

　　机会主义行为是主体动机和目的的直观反映。根据资源依赖理论，资本市场中的企业并非独立个体，同时也会与其他个体相联系形成相对稳定的系统，并相互交换资源。从利益相关者视角，资本市场中首次公开募股（以下简称IPO）公司的利益相关者可通过与企业建立社会关联或经济关联实施机会主义行为，最终影响企业的经营发展。IPO公司机会主义行为是在外部利益相关者直接或间接的影响下，公司及其利益相关者的策略决策。其中，直接影响是指外部利益相关者通过直接性的行为影响企业经营和决策（外部利益相关者是主体行为人）；间接影响是企业受到外部利益相关者的关系影响，而间接作用于企业的行为和决策（企业是主体行为人）。资本市场的主要参与者包括发行人（企业）、中介机构（证券经纪中介和证券服务中介）、政府和监管部门及投资者等。

　　本书着眼于政府和监管部门、证券中介机构和风投机构，尽量将资本市场主要参与者的影响和效应全面考虑进来。具体如下。

　　一是从企业政治关联角度来看。政府和监管部门发挥强势监管和规范治理企业行为的作用。根据IPO注册制在科创板及创业板实施的情况来看，申请IPO的企业经营业绩表现不同。即使是业绩较好的企业，仍需排队等候，有时排队企业高达100多家。由于企业上市依然需要通过证监会的审核，为了加快上市进程，企业可能会出现对政治关联运用不当的现象。

　　二是从企业券商关联角度来看。证券中介机构作为"看门人"，监督和约束企业行为。券商是国务院证券监督管理机构批准成立的具有独立法人的经营证券业务的金融机构，作为IPO市场不可或缺的参与者，券商对发行人与投资人起到了连接作用，对投融资双方的信息交换与流通至关重要。企业具有与券商关联会为企业带来一些诸如提供上市便利等实际的优势，某种程度上也会成为滋生IPO企业机会主义行为的温床。

　　三是从企业IPO时风投机构进入角度来看。风投机构为资本市场的一种独特存在，既是IPO公司的投资者，又是连接公司和投资者的金融中介。注册制下，拟上市公司为了获得投资者的信任，得到更多的募集资金可能会引进风险投资，而对于"快进快出"型风投机构而言，其短视的机会主义行为对企业以及投资者产生的伤害可能会比核准制下更加严重。

因此，本书基于外部视角，从IPO公司与外部利益相关者的机会主义行为出发，分别以政府和监管部门、证券中介机构和风投机构作为研究对象，探讨外部利益相关者间接影响和直接影响下IPO公司的机会主义行为[①]。

第一，本书对以往相关文献进行回溯，从理论角度分别针对正反两个方面（短期内看似有利于企业经营或损害企业经营）的相关机会主义行为进行了系统性的梳理与归纳，厘清了现有研究对于企业与外部利益相关者（主要为政府部门、券商及风投机构）关联的机会主义研究的进展，并从中发现已有研究的局限性和突破口。第二，针对本书将要进行的具体研究进行相关理论的阐释，并就与本书研究相关的理论进行了概述。第三，在本书的主体部分，针对政治关联、券商关联、风投机构进入三个方面的IPO公司机会主义行为，首先，着眼于对IPO公司机会主义行为动机的分析和研究；其次，综合运用规范研究法、实证检验法与案例研究法多种方法，对IPO公司机会主义行为表现展开深入研究，由表及里，层层递进；最后，从自律和他律角度分别对IPO公司不同的机会主义行为提出综合性的治理建议，实现对企业机会主义行为的识别与规避。

首次公开发行IPO是发行人和投资者实现经济利益的特殊市场。发行人希望以更低的成本获取更多融资，而投资者则希望实现更高的投资收益，两者存在一定利益冲突。同时，企业内外信息不对称，发行人享有比投资者更多的专有信息优势。正因如此，经济利益的冲突和信息的不对等造成了IPO公司机会主义行为动机和表现。而机会主义行为的主体可能是以管理团队为主的企业，从机会主义的时期来看，IPO公司机会主义行为既可能是上市前的机会主义行为，也可能是上市后的机会主义行为；从机会主义行为的经济后果来看，IPO公

---

① 本书所指IPO公司泛指处于IPO阶段的公司，包括公司上市前及上市后。

司机会主义行为既可能是短期性自利手段,即直接损害企业与市场经营和发展,也可能是短期的支持方式,短期内看似有益于企业发展,长期来看则经济效益不持续、经济后果不确定。本书以核准制下IPO公司机会主义行为研究为立足点,结合核准制和注册制的特点,将研究推至注册制下的企业行为,分析我国IPO公司机会主义行为的动机,并结合IPO市场的案例分析和实证检验,探讨IPO公司机会主义行为表现的本质与根源,再据此提出各种治理建议,以便为未来注册制下的市场监管和制度优化提供有利的启示和建议。

本书的创新点主要基于以下几个方面。

第一,研究周期的完整性。本书重点关注的是公司IPO时期的机会主义行为。前期文献中针对公司机会主义行为的研究大多未选取特定的时间框架。而机会主义行为在公司不同的发展时期,受外部经济环境、压力和风险影响,其动机和表现可能存在异质性差异。因此,设定特殊的时间情景更能让研究符合企业实际、反映市场运行规律。本书以IPO周期为研究情景,贯穿公司"IPO前—IPO中—IPO后"整个上市周期,分别聚焦于公司上市前、中、后的具体机会主义行为动机和表现及作用路径进行分析。

第二,研究视角的丰富性。企业作为资本市场的组成部分,其决策与行为必然会受到其他利益相关者的作用和影响。本书拓展了IPO公司机会主义行为研究的外延,从IPO公司外部利益相关者对公司机会主义行为决策的影响出发,探讨了IPO公司与政府机构、券商及风投机构的关系[①]。同时,对这种影响作用的分析兼顾了间接性影响(通过与企业关系影响企业决策)和直接性影响(作为机会主义行为主体直接施加影响)两个维度。

第三,研究逻辑的严密性。前期企业机会主义行为的研究普遍以机会主义行为经济后果为逻辑起点,通过证实机会主义主体通过策略手段获取私利并最终导致消极经济后果来发现主体行为的机会主义性

[①] 想要较全面地探索IPO公司机会主义行为,必然涉及内部利益相关者和外部利益相关者。本书主要着眼于外部利益相关者视角。关于内部利益相关者机会主义行为的研究,笔者团队一直在同步进行,将在其他研究成果中展现。

质,此类研究逻辑能证实较为显性的机会主义操纵。为兼顾更为隐性的机会主义行为研究,本书采取以机会主义动机为源头的研究思路,分析IPO时期不同机会主义主体的动机,通过"机会主义主体动机—机会主义行为策略—机会主义行为表现"的研究逻辑,推导不同主体机会主义行为的作用路径,证实其IPO时期行为的机会主义属性。

第四,研究方法的多样性。本书采用规范研究、实证研究与案例研究相结合的方法编制。在规范研究方面,本书先从理论视角以广义机会主义的观点就IPO企业与外部利益相关者的关系系统梳理了已有相关文献,并以经济学及管理学经典理论的角度归纳了本书的理论基础;然后运用规范研究方法分析IPO公司机会主义行为的动机,分别从战术性资金动机、战略性资金动机、战术性控制动机和战略性控制动机几个层面探讨IPO公司机会主义动机的根源;最后结合主动性、被动性、原环境和新环境视角,分析IPO公司机会主义具体表现。在实证研究方面,本书以理论研究方法为根源,在理论研究基础上,利用我国资本市场A股上市公司进行大样本长面板实证分析,以确保研究结论具有普适性,并通过多种实证方法验证IPO公司机会主义行为是否存在、存在形式以及具体的行为表现,以验证前期理论分析结果,确保理论为实证的基础,实证为理论验证的研究严谨性。在案例研究方面,本书结合案例研究方法,有重点、有聚焦地关注我国资本市场实践中的特殊和重点企业案例,提升研究的代表性,实现研究的由点到面、由表及里。

本书内容分为七章:第一章为导论,第二章为IPO公司机会主义行为文献综述,第三章为理论基础与相关理论应用概述,第四章为政治关联与IPO公司机会主义行为研究,第五章为券商关联与IPO公司机会主义行为研究,第六章为风投机构进入与IPO公司机会主义行为研究,第七章为研究结论与展望。

目 录

第一章 导论 ... 1
   第一节 研究目的及意义 ... 2
   第二节 研究思路及主要内容 ... 4

第二章 IPO公司机会主义行为文献综述 ... 9
   第一节 政治关联与IPO公司机会主义行为文献综述 ... 9
   第二节 券商关联与IPO公司机会主义行为文献综述 ... 12
   第三节 风投机构进入与IPO公司机会主义行为文献综述 ... 14
   第四节 文献评述 ... 15

第三章 理论基础与相关理论应用概述 ... 18
   第一节 理论基础 ... 18
   第二节 相关理论应用概述 ... 21

第四章 政治关联与IPO公司机会主义行为研究 ... 26
   第一节 政治关联与IPO公司机会主义行为动机分析 ... 26
   第二节 政治关联与IPO公司机会主义行为表现概述 ... 28
   第三节 政治关联与IPO公司机会主义行为案例分析 ... 30
   第四节 治理建议 ... 48
   第五节 本章小结 ... 51

第五章 券商关联与 IPO 公司机会主义行为研究 ……… 53

第一节 券商关联与 IPO 公司机会主义行为动机分析 ……… 54
第二节 券商关联与 IPO 公司机会主义行为表现概述 ……… 56
第三节 券商关联与 IPO 公司机会主义行为实证分析 ……… 59
第四节 券商关联与 IPO 公司机会主义行为案例分析 ……… 91
第五节 治理建议 ……… 104
第六节 本章小结 ……… 108

第六章 风投机构进入与 IPO 公司机会主义行为研究 ……… 110

第一节 风投机构进入与 IPO 公司机会主义行为动机分析 ……… 112
第二节 风投机构进入与 IPO 公司机会主义行为表现概述 ……… 115
第三节 风投机构进入与 IPO 公司机会主义行为实证分析 ……… 118
第四节 风投机构进入与 IPO 公司机会主义行为案例分析 ……… 133
第五节 治理建议 ……… 143
第六节 本章小结 ……… 147

第七章 研究结论与展望 ……… 149

第一节 研究结论 ……… 149
第二节 研究不足及展望 ……… 153

参考文献 ……… 156

第一章

导 论

证监会于2019年1月发布《关于在上海证券交易所设立科创板并试点注册制的实施意见》，标志着我国资本市场法治化、市场化进程迈入新阶段。2023年2月17日，证监会发布全面实行股票发行注册制相关制度规则[1]。这一重大改革，意味着注册制推广到全市场，标志着新一轮的资本市场改革迈出了决定性的一步，为资本市场服务高质量发展打开了更广阔的空间。注册制改革的本质是把选择权交给市场，强化市场约束和法治约束。从核准制到注册制，最重要的变化是充分贯彻以信息披露为核心的理念，将核准制下的价值判断尽可能转化为信息披露要求，发行上市全过程更加规范、透明、可预期。全面实行注册制是一场水到渠成的改革。在科创板、创业板、北京证券交易所的试点，注册制稳步推向全市场。这场牵一发而动全身的改革，有望带来资本市场全方位的深刻变革：发行上市条件更加包容，审核更加高效；优胜劣汰的市场机制更加完善；中介机构的"看门人"作用进一步强化；投资者更趋专业化和机构化；市场秩序持续好转，生态不断优化。市场稳定发展将迎来全新的格局。核准制强调发行人实质性审查，发行人需要满足证监机构的硬条件（净利润、营业收入或现金流及资产抑或股本等）和软要求（主体资格、高管与实际控制人变更要求及规范运行等），证券发行管理机构要兼顾真实性核

---

[1] 由于本研究开展及本书成文时仍处于核准制时期，后文的研究及行文逻辑仍以研究当时所处的核准制阶段为基础。

查和价值判断，可见核准制主张发行事前控制。而注册制则以发行事后控制为抓手，强调发行人形式核查，主要审核企业的信息披露是否符合规定形式，而企业的投资价值判断则让渡给投资者。核准制向注册制的转型符合市场化的趋势，但核准制下存在的企业机会主义行为并不会因为制度转型而自行消失，其中部分行为仍然存在并损害资本市场的稳定发展和投资者的利益，一些寻租操纵可能短期内有利于企业发展，但长期效应难以估计。

第一节　研究目的及意义

一　研究目的

机会主义行为是指在一定条件下，人们具有不完全披露信息以及从自身利益出发而可能影响他人利益，即"寻求自利"的行为（Oliver E. Williamson，1975）。注册制下，股票和公司价值将由投资者自行判断。然而信息搜集、专业知识限制了其信息解读能力，且信息不对称加剧了信息处理难度。从理论和实践视角出发，制度的转型必然会为资本市场的运行和发展带来一些新的特点。然而，事物的发展并非平地起高楼。即使制度变迁，就IPO公司机会主义行为本身而言，其行为决策和目的必然具有一定的延续性，企业仍可以利用其专有信息优势和经营管理的控制力为机会主义行为创造条件和可能。因此，注册制背景下只有透彻分析IPO公司机会主义动机及表现，才能提出有针对性的治理和监管举措。

此外，前期关于IPO公司机会主义行为的相关研究视角较为局限，多为从企业粉饰财务报表及会计信息造假等企业内部直观行为入手，较为片面和狭隘，不能从广义上提供全方位的学术依据。而本书则是基于企业利益相关者的视角，探讨其在为拟IPO公司提供相关服务的过程中，拟IPO公司的机会主义动机及表现，而这些动机及表现并非完全由拟IPO公司独立进行的，实践中还存在与外部利益相关者合作的可能性。本书首先对前人的相关文献进行了系统性地梳理，从理论视角对不同的机会主义行为进行分类和界定，就已有文献对企业政治关联、券商关联、风投机构进入三个方面的机会主义行为进行提炼，并归纳出其重点研究结论及观点。其次，根据本书研究重点，结合以往研究总结出本书的五大理论基础，并解析了理论基础在本书后续的分析和研究中的应用。再次，从动机的长远性和目标性两个维度，对注册制下 IPO 公司机会主义行为动机进行深入分析，同时结合实证分析和案例分析，从行为主动型和制度环境两个维度探讨 IPO 公司机会主义行为的具体表现。最后，基于企业外部利益相关者视角，从企业改善自身公司治理水平等的自律角度，及外部证监会、政府相关部门、资本市场中介机构，以及投资者等多个层面，结合自律和他律两种治理方式，全方位探讨注册制下 IPO 公司机会主义行为治理的举措建议，以便为资本市场转型下的制度优化、监管完善提供一定借鉴。

二　研究意义

（一）理论意义

第一，本书从资金和控制——行为对象，以及战术和战略——影响程度两个维度对 IPO 公司机会主义动机进行了深入探索，拓宽了对机会主义动机研究的视角，弥补从行为动机多角度综合研究 IPO 公司机会主义行为的不足。

第二，对于 IPO 公司机会主义行为表现的研究，将从主动性和环境两个维度进行，深化了现有的对机会主义行为表现的研究，使 IPO 公司机会主义行为表现的研究更加深入。

第三，对于 IPO 公司机会主义行为治理的研究，将延伸至注册制下，从政府、行业、公司和投资者四个层面，分成他律和自律两个方面，使研究层次更丰富、内容更全面，为 IPO 公司机会主义行为治理措施的研究开辟了新的研究空间。

第四，本书的研究基础是核准制下的 IPO 公司机会主义行为，但目标和研究宗旨并不局限于此。本书将核准制下的研究推演到全面实行注册制的环境下，探索注册制下可能存在的 IPO 公司机会主义行为的演变和发展，对未来监管机构和投资者都具有一定的启示价值，为其对于公司机会主义行为的方式和可能性提供一定的思考和视角。

（二）实践价值

第一，本书对注册制下IPO公司机会主义行为动机进行分类研究，提高对注册制下IPO公司可能存在的机会主义行为动因的认识，从而提高政策的针对性。

第二，本书对不同动机驱动下的IPO公司机会主义行为进行多维度的分类研究，有利于我国资本市场市场化过程的推进，有助于预防及识别注册制下更可能出现的机会主义行为，既满足投资者及监管部门的现实需求，又有利于规范市场秩序。

第三，本书的逻辑是深入分析核准制下IPO公司机会主义行为，再推至注册制下，结合核准制和注册制的制度特征，探讨注册制转型后机会主义行为可能存在的新特点，并提出相应的监管和治理思路，以使本书的研究适用性更强，现实运用价值更高。

第二节 研究思路及主要内容

一 研究思路

本书从梳理前人文献入手，以相关理论为基础，对机会主义行为进行概述。首先，对IPO公司机会主义行为动机进行分析。其次，结合规范研究方法、实证研究方法和案例研究方法，分析动机驱使下的具体机会主义表现。最后，从资本市场四个主要的主体层面——政府部门、行业、公司和投资者，有针对性地提出具体的监管和治理举措。

IPO公司是资本市场的组成单元，其行为决策并非独立于资本市场运作之外，各种外部利益相关者及其与企业的关系也会影响企业的行为导向。IPO公司机会主义行为研究是资本市场利益相关者影响及作用下IPO公司的行为决策（需以市场为研究边界分析企业的行为逻辑）。企业不能依靠自给自足的方式解决所有资源需求，需要与市场其他利益相关者以交易或互换的方式获取所需资源。本书将从广义视角出发，分别以政府和监管部门、证券中介机构和风投机构为研究对象，探讨外部利益相关者间接影响和直接影响下的IPO公司机会主义行为。

（一）政府和监管部门影响下的IPO公司机会主义行为（间接影响）：政治关联

政府部门是资本市场稳定运行的关键主体，发挥着监管和规范作用。企业与政府部门的资源依赖关系将会间接影响IPO公司的机会主义行为和表现，政治关联（高管的政治背景）是一种与政府部门建立资源依赖连接的途径。从积极层面上看，政治关联具有资源效应，能够为企业发展和IPO带来便利。本书针对企业与政府部门的资源依赖关系对IPO公司机会主义行为的影响研究以政治关联为分析着眼点。

（二）证券中介机构影响下的IPO公司机会主义行为（间接影响）：券商关联

证券中介机构作为IPO公司的保荐机构和承销机构是企业IPO最为核心的关键部门。券商作为非常重要的证券中介机构，企业若与券商建立资源依赖关系则可为企业IPO提供很多助益。一方面，从信息不对称视角，券商关联能缓解中介机构和企业间的信息不透明，降低交易成本，提高交易效率；另一方面，从专业中介视角，券商关联能方便企业信息的获取，从而提升投融资效率，有益于企业的发展。然而事物具有两面性，券商关联同样可能成为券商和企业进行合谋的机会主义途径。通过合谋实现IPO，企业实现机会主义目的，而券商获取高额承销交易费用。因此，本书针对企业与券商等中介机构的资源依赖关系对IPO公司机会主义的影响研究也以券商关联为分析着眼点。

（三）风投机构进入影响下的IPO公司机会主义行为（直接影响）：风投机构进入

风投机构作为公司IPO和发展的重要资本助力起到至关重要的作用。一方面，从资源视角，风投机构能有效缓解企业融资压力、提供资金支持；另一方面，从专家效应视角，风投机构能发挥专业特长，在取得公司股权后可向企业提供战略决策建议，有益于企业成长发展。然而，风投机构同样是理性经济人，风投机构的决策目的必然是实现自身利益最大化。同时，风投机构作为独特的个体，既是企业IPO的重要投资人，又是连接企业和投资者的重要纽带，其行为决策必然会影响企业的经营和决策。特别是当其经济目的与企业长远发展目标背离时，风投机构会为实现自身利益而寻机操纵，反过来又会对企业经营和发展带来影响。因此，本书进一步探讨风投机构进入对 IPO 公司的作用和影响。

本书将从广义机会主义行为视角①，探讨外部利益相关者间接影响（政治关联和券商关联）和直接影响（风投机构进入）下 IPO 公司的机会主义行为。本书遵循"动机—表现—治理"的逻辑，先分析动机，后结合规范分析、实证档案研究和案例分析，从点到面，层层深入分析核准制下 IPO 公司机会主义行为表现，再结合核准制和注册制的特点，将核准制下 IPO 公司机会主义行为研究推至注册制的制度背景下，探索注册制这一新环境下对公司机会主义行为的治理建议。

本书研究思路如图 1-1 所示。

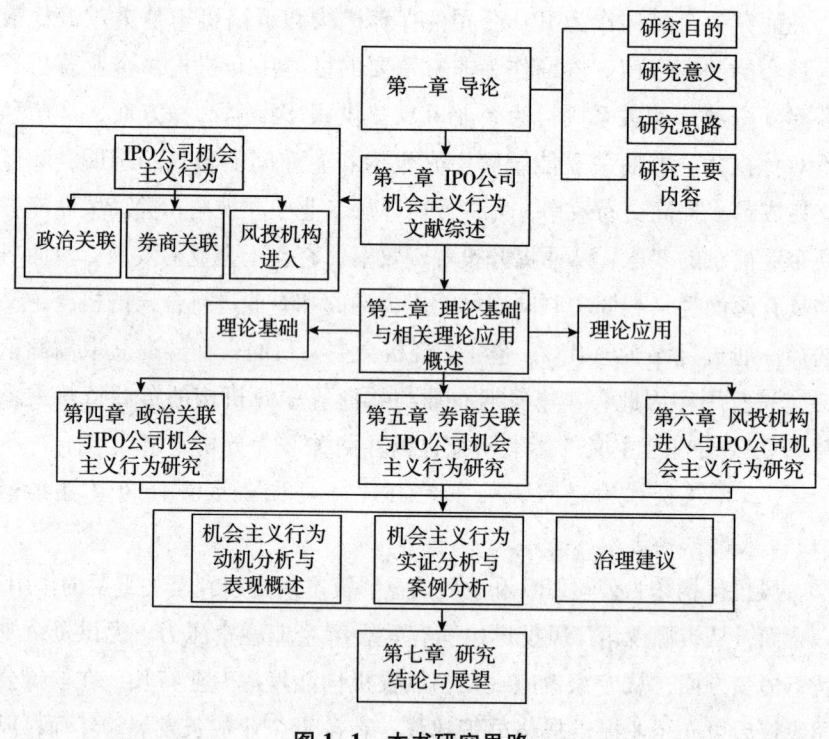

图 1-1 本书研究思路

---

① 广义视角与狭义视角相对应。狭义视角下的企业机会主义行为更多指企业自身独立的行为。但企业经营与发展过程势必与外部环境相联系，企业行为都会受到外界影响，与外界产生诸多关联。将对企业机会主义行为的研究视线拓展到与外部利益相关者的关联，能更全面地展示企业机会主义相关行为。狭义视角下的研究将在笔者团队其他研究成果中展现。

二　主要内容

第一章为导论。主要介绍本书的背景、研究目的与意义，阐明研究思路和研究内容。

第二章为IPO公司机会主义行为文献综述。对中外重要相关文献进行了系统性的梳理，从理论视角对不同的机会主义行为进行分类和界定：损害企业短期利益及虽表现看似有益于企业短期利益段但实际危害企业长期发展两个方面，并分别就已有文献对企业政治关联、券商关联、风投机构进入三个方面的机会主义行为，基于资源依赖及寻租理论、声誉机制、逐名假说和认证假说等几个理论维度提炼并归纳出其重点研究结论及观点。

第三章为理论基础与相关理论应用概述。先对本书主要研究的机会主义行为主体涉及的理论基础，以经典经济学及管理学理论为基础进行论述。本书主要的理论基础为资源依赖理论、利益相关者理论、烙印理论、寻租理论及合谋理论。而后，以前述理论基础为指导，对政治关联的IPO公司、券商关联的IPO公司及风投进入的IPO公司机会主义行为的动机及表现进行了理论分析。

第四章为政治关联与IPO公司机会主义行为研究。本章由政治关联下IPO公司机会主义行为动机及机会主义行为表现两个部分组成。首先，从战术性资金动机、战略性资金动机、战术性控制动机和战略性控制动机四个维度阐述IPO公司机会主义行为动机及根本原因；其次，从政治关联下IPO公司机会主义行为表现着手，开展案例分析；最后，有针对性地从企业自律角度及外部监管机构他律的角度分别提出对政治关联下IPO公司机会主义行为的治理建议。

第五章为券商关联与IPO公司机会主义行为研究。本章首先从四个维度分析IPO券商关联公司机会主义行为动机及根本原因，其次运用实证分析与案例分析探索IPO公司机会主义行为表现，最后提出对IPO政治关联公司机会主义行为的治理建议。

第六章为风投机构进入与IPO公司机会主义行为研究。本章与第五章一样，按照动机—表现—治理建议的思路，运用实证分析与案例分析，探索风投机构进入下的IPO公司机会主义行为。

第七章为研究结论与展望。本章总结前文研究内容及结论，结合注册制特点，对未来研究作出展望。

本书研究框架如图1-2所示。

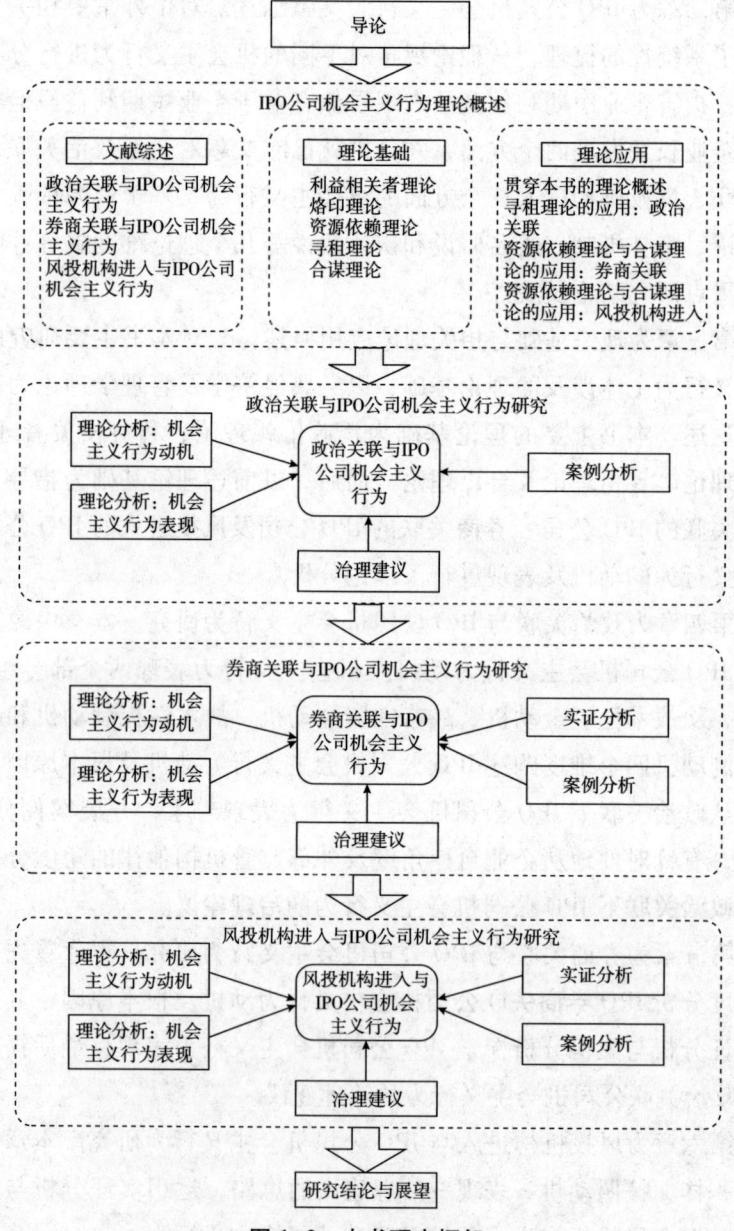

图1-2 本书研究框架

第二章

IPO 公司机会主义行为文献综述

亚当·斯密的理性经济人假设认为，经济人总是以利益最大化为目标，希望付出更少、获得更多。而美国经济学家 Oliver E. Williamson（1975）在此基础上提出了机会主义人性假设：人可能会随机应变，采取投机取巧的方式，以达到谋取利益的目的，即机会主义行为。中国学者樊纲（2014）进一步升华了机会主义的定义，认为机会主义行为，是人进行非真实性的威胁和承诺以谋取个人利益的行为。从根源来看，机会主义行为是以当事人谋取自身利益最大化为动机，以较隐蔽的谋利方式为手段，以引导和误导其他利益相关者为目的的行为。机会主义行为的存在，根源是企业信息的不对称、环境的不确定、激励的不相容及合约的不完备等因素（陈雨欣，2020）。企业深处错综复杂的外部关系中，其利益相关者可能存在对企业经营无益的机会主义行为，企业内部人士通过与外部人士建立关联可达到方便寻机操纵、赚取利益的目的，如与政治关联（Boubakri et al., 2008）、与保荐机构和承销商关联（陈运森等，2014）及与风投机构关联等。

第一节 政治关联与 IPO 公司机会主义行为文献综述

政治关联由 Fisman（2001）首次提出，在学术引起了广泛的关注，学者随即对政治关联产生的动机及经济后果等进行了诸多探讨与研究，在相关领域取得了丰硕的成果。然而，时至今日，关于政治关联对于企业经营发展究竟会产生正向的扶持效应还是负向的抑制效应尚未形成统一定论。

一 基于资源依赖的"扶持之手"

政治资源作为企业重要的资源之一（Boubakri et al., 2008），对企业的生产经营和管理决策等也会造成重大的影响。一种观点倾向于将企业的政治关联作为企业所拥有的重要资源并能够助力企业经营发展。在我国资本市场的监管中，许多政策的执行仍具有一定范围的自由裁量权，政府相关机构可以对拥有政治关联的企业采取相对宽松的监管方式，因此企业可从中获益。

Piotroski 和 Zhang（2014）的研究发现，一些政府机构人员表面上对资本市场中企业进行所谓的"监管"，实则是通过政治资源及网络一定程度地实施着对企业的控制。对于企业而言，政治关联带来的好处表现在诸多方面，具体而言，政治关联能够起到一定的救助作用，根据潘越等（2009）的研究，在公司财务状况不佳或经营运转较为困难的公司时政治关联能体现出更大的价值，具有政治关联的企业能够通过政府为其制定的相关扶持政策而获得政府补助或政府支持，进而渡过难关甚至扭亏为盈（Faccio, 2006）。

一些研究表明，我国资本市场受到的政治干预较多，相对于国有企业，非国有企业获取资源困难，对于政治关联的诉求更大、动机更强，希望通过政治寻租谋求生存发展和竞争优势的机会。潘越等（2009）的研究也进一步证实，相对于国有企业，政治关联为民营企业带来政府资助的可能性更大；相对于盈利状况较好的民营企业，政治关联对经营业绩欠佳的民营企业的扶持作用较为显著，表现在更易获得优惠银行贷款方面（王俊秋、倪春晖，2012）。陶雄华等（2018）的研究显示，政治关联通过弱化第三方审计机构的意见及债务融资等对盈余管理的检查监督效应，使得盈余管理行为更易促成；张多蕾和刘永泽（2016）的研究发现，政治关联还会影响民营上市公司进行盈余管理的具体方式，民营企业通过政治关联更多进行的并非真实盈余管理而是应计盈余管理。尽管也证明了政治关联对民营上市公司盈余管理具有作用，但曹畅和余福海（2020）的研究结论则略有不同，研究表明抑制了民营上市公司的应计盈余管理，却造成了其真实盈余管理水平的提高。此外，政治关联还可一定程度地抑制上市公司的股价崩盘，这种作用在民营企业中表现较为突出，而在国有企业中的影响却并不显著（苏坤，2021）。

二 基于寻租理论的"掠夺之手"

政治关联现象较为普遍，尽管政治资源看似能帮助企业获得一定的资源支持，降低经营成本，提高发展速度（Boubakri et al.，2012；Liu et al.，2013），但在我国强调高质量发展的转型时期，也显现出一些负面作用。学者基于企业及政府的寻租行为、政治关联对财务报告质量带来的负面影响，以及政治关联对企业创新带来的挤出效应等，验证了具有政府背景的企业高层机会主义行为对资本市场的影响。

在对企业财务质量及未来发展方面，利用政治关联获得政府支持和补助的企业倾向于对政府产生依赖心理，会将自身资源以及注意力更多地投放在建立和维护与政府的关系上，从而降低了对自身的经营效率及企业实力的提升（倪昌红，2012；肖兴志、王伊攀，2014），会造成对企业未来价值和持续发展能力的损害。杜勇（2017）的研究也发现，政治关联能给亏损公司带来政府补助，但是高额补助会使其形成依赖，降低自身资源配置的效率，影响公司未来发展。

在对企业创新能力提升的抑制方面，企业寻求政治资源将付出寻租成本，可能挤占公司研发资源，政府的干预可能成为"掠夺之手"。曾萍等（2013）对此问题展开了详细的研究，发现企业管理层可以通过政治关联获得相对较多的创新政策优惠等，但也导致了企业不专注于提升自身核心竞争力带来的创新优势。袁建国等（2015）的研究表明，企业政治关联在创新中体现出一定的资源诅咒效应及挤出效应，降低了企业对于创新的投入，抑制了创新活动的开展，降低了创新效率。陈庆江等（2021）通过研究表明，政治关联弱化了企业创新的动机，高管政治资源的锁定效应会抑制新技术被企业接纳的程度，进一步影响数字化方面的创新能力。在绿色投入方面，林雁等（2021）的研究表明，企业政治关联抑制了企业的环保投资，而相较于政治关联董事，政治关联高管带来的上述效应则更加显著。

第二节 券商关联与IPO公司机会主义行为文献综述

设立并培育中介机构的执行目的是协助政府及证监会一同监管和治理资本市场。证监会希望借助中介机构发挥专业职能，以维护资本市场的健康运行。然而从目前的大量实践来看，大力设置中介机构制度的初衷在中国特色市场环境与制度环境下问题丛生。

一 基于声誉机制的"合作假说"

券商在IPO公司、政府监管部门和投资者之间建立起连接的桥梁，并被赋予监管的责任和义务。基于声誉理论的机制，承销商及保荐机构在履行中介机构职责时，须注重自身的信誉，因为声誉是获取客户信任的关键因素。Booth和Smith（1986）认为承销商声誉的声誉机制在债券市场及基金市场中广泛存在；Carter等（1998）的研究也证实了在资本市场中，声誉机制对于承销商而言的确存在；Dunbar（2000）认为承销商声誉在一定程度上可以反映其发行的业务能力，高声誉的承销商与投资者的互动交流更加高效，而较为准确的发行价格也能够从中应运而生。在早期的研究中，张学勇等（2020）以二次IPO公司为样本，研究显示在第二次进行拟IPO上市的公司中，高声誉的承销商能够提高成功上市的概率、进行较为合理的定价，还能够给公司上市后带来更好的业绩，表现在承销商网络方面。Rumokoy等（2019）发现，承销商的社会网络中心度提升了承销商的参与度及IPO公司的上市绩效表现；声誉机制使在社会网络中处于中心位置的主承销商倾向于进行相对准确的报价，并降低报价向上修订的幅度（刘井建等，2021）。

二 基于声誉机制丧失的"合谋假说"

Chemmanur和Loutskina（2005）提出，声誉机制的有效发挥在于高声誉的承销商对于发行业务有更高的评估和执行标准，但也会加大被服务企业的支付成本，因而高声誉的承销商也可能存在道德风险问题。尹自永和王新宇（2014）对我国上市公司的样本进行研究时发现承销商声誉机制未得到体现，结果表明承销商声誉与收取佣金成正比，且可能是与IPO公司进行利益交换的手段。赵洋和陈超（2016）的研究表明承销商欺诈事件愈渐增多，声誉机制难以规范其违约行为。从大量违规案例中可知在我国资本市场中声誉机制表现失灵，而违法违规成本较低、非正常委托代理关系等导致承销机构推卸责任、履职不善，甚至与发行人合谋虚假披露等违法违规行为频发（刘志云、史欣媛，2017）。冯琳（2017）的研究也表明，由于成功进行新股发行是企业与承销商共同的利益诉求，倘若法治不健全、监管力度不足，双方的频繁联系很可能成为滋生合谋的温床，影响信息披露质量。而承销商与拟IPO公司通过合谋导致IPO抑价或IPO溢价泡沫，损害投资者利益，给资本市场的运行带来诸多问题和风险。以我国A股上市公司为样本的研究发现，我国资本市场的声誉机制作用发挥有限，高声誉的承销商与高质量的IPO企业之间不具备相关关系（刘江会等，2005；郭泓、赵震宇，2006；郭海星等，2011）；与此同时，承销商声誉对IPO抑价以及IPO后的长期业绩影响也不显著（Liu and Wang，2015）。许荣等（2013）的研究表明，即使是近年来承销商的声誉机制逐步建立，其声誉效应也仅被证明在创业板IPO市场中存在，原因为该板块中信息不对称程度较高。在影响企业的盈余管理方面，Chen等（2013）发现，学者考虑了声誉机制发生作用的情境，并显示在缓解民营企业IPO之前的盈余管理程度及市场化法治化程度较低的地方，承销商的声誉效应才能较为显著（Chen，2013；柳建华等，2017）。刘志云和史欣媛（2017）的研究则进一步证明了声誉机制对于大型保荐机构几乎失灵，排名靠前的保荐机构及承销商IPO违法违规现象屡见不鲜。

第三节 风投机构进入与 IPO 公司机会主义行为文献综述

风投机构对企业 IPO 的影响一直存在两种假说——"认证假说"和"逐名动机假说"。"认证假说"（Sahlman，1990）认为，风投机构通过对被投资企业进行资本的注入，参与被投资企业的管理，帮助企业更好地成长。"逐名动机假说"（Lee and Wahal，2004）则认为，风投机构因为迫切地希望企业能够成功上市，所以会采用一些方法使得企业尽快上市，从而回笼自己的资金。

一 基于监督机制的"认证假说"

一些学者认为风险投资机构能够为企业带来资金支持、人才资源及行业经验等，有利于提高企业的综合能力（陈思等，2017）。具体而言，在风投机构促进创新的机制方面，Nanda 和 Rhades-Kropf（2016）认为风险资本具有推进技术创新等重要作用；蔡地等（2014）认为风投机构能够帮助被投企业缓解代理冲突从而减少创新道路上的阻碍，并提供更加有效的监督和激励机制。在创新绩效方面，张岭等（2021）的研究发现，风险投资能够降低技术的不确定性并提高其对创新失败的风险容忍度，进而有利于提高创新绩效。在创新意愿方面，姜双双、刘光彦（2021）的研究表明，风险投资机构持股比例与企业的创新意愿成正比。在商业模式创新方面，相关研究表明相较于基础性创新，风险投资的进入更能提升商业模式创新的效率，其主要途径是实施监督和增值的专业服务（董静、余婕，2021；吴友、董静，2022）。

此外，一些学者还对风险投资与被投资企业并购行为及经济后果的关系进行了研究。风投机构从行为金融的视角缓解信息不对称，调整管理层认知偏差，并通过筛选并购的方式缓解多元化并购发生等情况以提高并购质量（宋贺、常维，2020）。此外，风投机构的介入还能提高企业上市后一定时期内的并购活跃度（曹婷等，2015）。李曜和宋贺（2017）的研究表明，风投机构的深度参与对于并购绩效的提升具有一定的正向作用；异地风投提供的咨询功能能够创造更好的并购绩效（李善民等，2019）。查博（2022）从创业企业角度出发，研究表明，IPO 企业更换资金用途时，风投机构保留的监督水平及风投机构的投资效用较大，因此需要其投入更高的努力水平才能使投资项目获得成功。除此之外，当被并购的企业与并购企业不在同一地区时，异地风投机构能够通过专业化和有针对性的咨询服务带来更优质的并购策略（李善民等，2019）。

二 基于理性经济人的"逐名假说"

还有一种观点认为风投机构的短视利己行为会损害企业的长期利益，以及投资者的利益，并且不利于企业创新活动的开展（温军、冯根福，2018）。与风投机构技术创新周期较长，需要大量投入的属性格格不入的是风险投资追求短期利益的运作方式，因而风投机构并不真正支持企业的技术创新。Engrdl 和 Keilbach（2007）发现，风险投资的介入与企业的技术创新的开展之间并没有显著联系；陈见丽（2011）基于中国 A 股市场上市公司的研究也得出相同结论。陈伟等（2022）的研究表明风投机构对于被投企业的选择具有利己的策略性，表现为异地风投在单独投资时不愿意在首轮投资企业且不愿意投资高科技企业，而更愿意投资后期轮次的企业；跨境风投不愿意投资早期企业而更愿意投资晚期企业；而在联合投资时，情况却相反，证实了风险投资投机构机会主义动机的存在。

第四节 文献评述

本书研究的主旨是基于核准制下的公司 IPO 阶段（包括上市前和上市后）机会主义行为研究，分析广义视角下 IPO 公司与外部利益相关者的机会主义行为，并推至注册制下。IPO 公司机会主义行为在世界各国资本市场上均得以验证。Kabir 和 Roosenboom（2003）与 Iqbal 等（2009）分别对荷兰和英国的 IPO 公司进行研究，均证明 IPO 企业存在机会主义盈余管理行为。核准制下,企业盈利水平是IPO上市的硬指标,加剧了我国企业IPO阶段的机会主义动机和行为表现。而国内IPO公司机会主义盈余管理研究具有明显的时期特征。早期研究偏重证实IPO公司盈余管理行为,后期则偏重深挖行为动机和目的。1993年,Aharony(1993,2010)等首次证实,我国1992—1995年,83家国企存在盈余管理操纵。在其基础上,众多学者均验证了IPO公司盈余管理行为(王志强、刘星,2003;陈共荣等,2006;陈祥有,2009)。其后,部分学者进一步深化研究,力图理清机会主义背后的动机和目的。在前文的文献综述中发现,国内外IPO时期公司的机会主义研究文献表面看似丰富,实则存在一定的缺陷与不足。

首先,现有文献所关注的企业机会主义操纵方式存在局限,实践中企业的机会主义行为方式众多,并不仅限于会计信息的操纵,企业更可能通过采取隐蔽性较高和多样化的机会主义手段实现自己的目的。

其次,现有研究关注的IPO公司机会主义的行为主体较单一,大多将企业作为行为的有机主体进行分析,或仅从单一的外部利益相关者角度探讨其机会主义行为。然而除IPO公司自身外,资本市场中,企业从来不是独立存在的个体,而是与各种利益相关者存在着千丝万缕的联系,企业决策和行为不仅反映了内部人士的动机和导向,还与外部各类利益相关者的机会主义行为息息相关,是一个权衡利弊动态博弈的过程。

最后,前期文献关注更多的是会直接引发消极经济后果、能直观判断机会主义本质的行为。然而实际中,机会主义本身并不一定会直接带来不利的后果,很多时候甚至会对企业发展和经营产生裨益。但需要明确的是,这种有益并非通过改善企业治理和经营实现,而是利用关联关系所带来的资源优势而实现的短期利益。同时,这种行为可能暂时能促进企业盈利,但长期来看效果可能不明朗也不持久。

因此,本书将企业外部利益相关者如政府相关部门、承销商及保荐机构、风险投资机构等与企业互动频繁的外部利益相关者一并纳入研究范畴,关注就经济后果而言不是很直观的企业隐性机会主义行为，以IPO公司上市前、上市过程及上市后为研究时间线，考虑资源依赖关系的影响，分析外部机制如何作用于内部机制，从直接和间接影响的不同方面综合分析研究IPO公司机会主义行为背后的主体动机、表现和目的。

由于注册制的上市审核政策等与原有制度存在一定区别，对于IPO公司的影响不容忽视，因此本书将考虑注册制的特点，基于对核准制下IPO公司机会主义行为动机及表现的研究，提出注册制下对拟上市公司机会主义行为的识别与治理建议。

第三章
理论基础与相关理论应用概述

对以往文献的梳理及总结在一定程度上反映了相关领域的研究现状及特点,但不能全面深入地反映本书拟研究的问题。本章基于本书的研究重点,借鉴经典经济学及管理学理论,对 IPO 公司机会主义行为的研究适用理论进行了阐释,并结合 IPO 公司机会主义行为的特点分析了上述理论在本书后续的理论分析和实证研究中的应用。

第一节 理论基础

一 资源依赖理论

资源依赖理论的核心是组织所需要的资源并不能一直通过自给自足的方式解决,资源多来自外部环境,因此产生了与环境的交换行为(Pfeffer,1972)。凭借从外部环境中得到的资源,企业可以获得生存发展的必要条件。其中,组织所处的环境包含了其他组织,组织内的所需资源常需要其他组织提供,故形成依赖关系。而依赖程度取决于资源重要性、稀缺性和可替代性(Pfeffer and Salanick,1978)。依赖模式包括竞争性的依赖和共生性的依赖。组织可通过并购、兼并和联盟等方式来处理不同的依赖关系(Pfeffer and Salanick,1978)。其中,共生性依赖关系是不同行业的交换关系,但较高的共生依赖程度会降低企业的议价能力,而竞争性依赖关系则是同行业企业间的竞争依赖关系。由此推断,企业可通过与外部环境的组织和机构建立关联,确保自己获取所需的资源，且建立众多依赖的模式。

企业是资本市场的一个组成部分，对外部资源依赖的特性不会发生变化，企业在实现 IPO 过程中需要众多资源的助力，包括资金支持、政治支持、专业咨询支持及中介支持等。这些资源企业无法自己解决，需要从外部环境中获取。因而本书基于资源依赖理论，从机会主义视角分析在外部利益相关者直接和间接影响下的 IPO 公司机会主义行为。可见资源依赖理论是本书的核心理论基础。

二　利益相关者理论

利益相关者理论的核心观点在于，组织须在战略决策中将各利益相关者纳入综合考虑的范畴，这同时也是伦理道德的要求，有助于提升组织的竞争优势。一部分由股东掌握的企业决策权力和利益，实际上已交由利益相关者拥有（Stieb，2009）。关于利益相关者的组成，Sirgy（2012）的观点被广泛采纳，即除了内部利益相关者之外，企业外部利益相关者也应受到重视，如中介机构、政府机构及投资者等也与企业的经营行为息息相关，权力正从掌握财富较多的股东流向掌握财富较少的利益相关者手中。相关研究也逐步聚焦于诸如对利益相关者及其需求的了解（Maignan and Ferrell，2004），以及利益相关者与企业的互动（Payne and Calton，2004）。

企业身处动态的外部环境中，与外部利益相关者之间存在千丝万缕的联系，企业从筹备 IPO 上市开始，到实现上市，再到上市后的业绩表现，都在与外部利益相关者进行各种信息和资源的交换，以谋求自身利益的最大化。而企业在此过程中也与外部利益相关者之间产生经济利益性利益相关。因此本书基于利益相关者理论，从机会主义视角分析在外部利益相关者直接和间接影响下的 IPO 公司机会主义行为。可见利益相关者理论也是本书的核心理论基础。

三　寻租理论

寻租理论的核心要义是指企业为了获得和维持垄断地位而得到垄断利润所从事的一种非生产性寻利活动。表现为一些既得利益者对既得利益的维护和对既得利益进行的再分配活动。令华等（1995）的研究表明从企业的个体角度出发，企业利用寻租手段可以获得一定的上市便利或经济补助,但是从整体资本市场的视角,寻租却破坏了市场的公平性,导致资源无法高效而公平地进行配置。尽管政治关联有可能使企业在短期内获得快速发展(Boubakri 等,2012;Liu 等,2013),但在我国目前高质量发展的时期,依靠外界支持所获得的短期发展可能存在一定的负面影响,因为资源的维系需要付出大量的时间及资源互换,从而对自身竞争力的提高产生一定的挤出效应,影响企业的战略转型和对技术创新的投入(邓建平、曾勇,2021)。

核准制下证券发行管理机构等可能成为 IPO 公司寻租的主要对象。尽管核准制向注册制的转型符合资本市场化的趋势,但核准制下存在的企业机会主义行为并不会因制度转型而自行消失,一些 IPO 公司仍有可能存在寻租的机会主义动机以期获得上市的便利。然而,寻租行为对于企业的长期绩效及积极进行战略转型等会造成不良影响,更会影响资本市场的持续健康运行。由此,寻租理论也是本书的核心理论基础。

四 烙印理论

烙印理论在组织行为与企业经营中具有重要的解释作用。烙印理论最开始应用在组织领域,许多学者提出,在组织发展过程中,历史是不可磨灭的,历史留下的"印记"会对企业产生持续影响。Pieper 等(2015)在研究中发现个体或组织在自身发展的特定阶段中,所处环境的特征都能对其产生重要的影响,个体和组织也会不可避免地被打上环境特征的烙印。Marquis 和 Tilcsik(2013)的研究也证实个体或组织在此后的很长时间仍会持续受到该烙印的影响。企业高管作为经营决策的主要制定者,对企业财务决策及经营发展具有十分重要的影响,企业高管过去的职业背景和职业经历会给其留下深刻的烙印,进而对其随后的行为决策产生极大的影响。

基于烙印理论,IPO 公司的高管曾有的职业经历会影响其在当前供职企业中的战略选择和经营决策。民营企业相较于国有企业,大多存在融资受限较多、市场准入门槛难以达到等问题。因而烙印理论也是本书研究的重要理论基础,其对解释 IPO 公司的机会主义动机及行为具有重要作用。

五 合谋理论

经典的合谋理论源于 Tirole（1986）的三层次委托代理模型，将合谋定义为监督者帮助代理人隐藏信息从而欺骗委托人的行为。自 Tirole（1992）之后，对合谋理论的研究更倾向于逆向选择模型。而一些研究表明，基于道德风险模型的监督者和代理人隐藏行动合谋也应是关注的重点（聂辉华、张雨潇，2015）。从证监会的顶层制度设计来看，证券中介机构须在资本市场的运行中担负监督的职责。一是中介机构为资本市场的有效运行发挥着治理监督的外部作用。二是我国中介机构市场发展尚不成熟，非正常化的委托代理关系、失灵的声誉约束机制，以及低违法成本都使中介机构的机会主义动机及行为成为可能。中介机构也可能包庇上市公司的欺诈行为，甚至有可能与上市公司合谋而牟取暴利，从而危害投资者的利益。

在 IPO 公司上市的过程中，中介机构作为发行主体与投资者之间的桥梁，在市场中具有重要的作用。作为具有特殊功能的中介机构（认证筛选及信息传递的专业化服务），比资本市场中的投资者更易获取和知悉 IPO 公司的信息披露情况，从而抑制发行人与投资者之间的信息不对称（Booth and Smith，1986）。同时，诸如券商及风投机构等中介机构也通过无限次的动态博弈，在与 IPO 公司的合作中逐步建立自身声誉，高声誉的中介机构被认为能够发挥一定的认证功能（Busaba and Chang，2010）。然而，中介机构也可能因其理性经济人的逐利本性，在 IPO 公司的上市过程中存在产生机会主义的动机及行为，甚至通过与 IPO 公司合谋以达到谋取利益的目的，损害投资者的利益，导致声誉机制的失灵。因而合谋理论同样是本书的核心理论基础。

第二节 相关理论应用概述

一 贯穿本书的理论概述

基于利益相关者理论，本书重点关注的利益相关者包含企业的高管、董事等内部利益相关者,以及券商和风投机构等外部利益相关者。IPO公司的首次公开发行是与诸多利益相关者进行动态互动的复杂过程,而最重要的利益相关者包括各级政府相关部门、承销商、分析师和投资者等。这些利益相关者相互关联形成了一个错综复杂的社会网络。对于承销商与风投机构等中介机构而言,本应缓解IPO公司与投资者的信息不对称性,但作为外部监督主体,此类利益相关者也可能具有逐利的本性,存在与IPO公司合谋共同损害投资者利益的可能性,由此会影响中小股东及投资者等利益相关者的利益。

基于烙印理论,一方面,具有不同职业背景的高管能够帮助IPO公司畅通信息及资源渠道,提高上市成功的概率及上市后短期的绩效。具有政府部门工作背景的高管会比其他企业高管更加重视与政府的关系。IPO公司高管存在券商职业背景,能利用职业和专长效应,降低企业的信息不对称性,起到优化企业的治理水平的作用,并能够通过高管的历史背景和职业类别,与券商及保荐机构建立金融联结和关联,从而方便企业顺利IPO上市。风投机构也可能帮助企业提高审批的速度。另一方面,高管职业相关背景也更易诱发IPO公司乃至中介机构利己的机会主义行为以便短期在资本市场上获得超额利润,但从长远来看,企业高管的相关职业背景对于企业实力的提升及经营效率的改善未必有益,甚至会产生限制其发展、损害其长期利益的挤出效应。

本书利用近年来我国资本市场A股上市公司的数据,将"关联"聚焦于企业高管等人员的相关背景,针对具有政治关联的IPO公司、具有券商关联的IPO公司,以及有风投机构进入的IPO公司,对其逐利的机会主义动机及行为进行了分析研究,明确了在核准制下利益相关者及烙印理论对IPO公司行为的解释作用。

二 本书对于寻租理论的应用——政治关联

基于寻租理论,从机会主义短视角度出发,由于高管职务通常有任职时间的限制,在任高管为了体现其业绩很有可能具备一定的寻租动机,而不进行对企业长期有利但回报周期过长的活动,而这样的短视主义则更易损害企业未来的价值及投资者利益。具体而言,具有政府相关职业背景的高管，有可能利用曾经积累的政府人脉资源等，进行机会主义寻租操作（吴文锋等，2009）。Fan等（2007）的研究指出，具有政治相关资源的高管很多缺乏专业化的公司治理知识，高管的相关履职经验薄弱，在企业战略决策上缺乏针对性和专业性，而以利用人情关系为主，导致内部人员控制现象较为严重。

三 本书对于资源依赖理论与合谋理论的应用——券商关联

基于资源依赖理论，IPO过程是一个需要进行各类资源整合的过程，这也是机会主义行为的根源。作为企业与资本市场利益相关者信息咨询的纽带，承销商无疑发挥着至关重要的作用。承销商拥有自身特有的信息优势，具有不可替代性，能够为自身攫取利益，甚至可以主导整个IPO活动。IPO公司的券商关联作为上市企业独有的资源禀赋，并不总发挥有利于企业稳健经营和长效发展的裨益作用。上市企业通过管理层券商工作经历，建立与证券中介机构和金融机构的券商社会关联，也可能成为管理层寻租获利、增加自身超额收益的手段。从券商关联对超额薪酬的实现路径层面来看，券商关联可能从资源优势、合谋操纵和自由现金流风险三个路径，实现对超额薪酬的影响。

基于合谋理论，在IPO公司成功上市的过程中各个中介机构都存在不同的利益诉求，制度的缺陷为资本市场的参与者提供了弹性操纵和选择的空间。企业券商关联高管会为企业带来一些实际的优势，如上市的便捷及资本市场利好反应等。企业会利用此种社会联结，方便IPO上市。因此，IPO公司与中介机构具备基于协同的机会主义目的而合谋操纵的可能，这会带来负面的影响，不利于资源的公平分配和资源市场的健康运行。

本书以2004—2019年我国A股上市公司为研究对象，对券商关联的IPO公司进行了实证研究，结果表明，IPO公司存在券商关联在IPO阶段可能会导致更严重的企业超额薪酬情况，而其实现路径是券商关联企业特有的资源优势。此外，本书还通过案例分析探讨了券商关联企业的机会主义表现及后果，进一步说明了资源依赖及合谋理论的解释作用。券商作为注册制下实质性审查把关者中的重要成员，其执业能力和执业质量不容忽视，这也是抑制IPO公司进行机会主义行

IPO 公司机会主义行为研究

为的关键之处。

四 本书对于资源依赖理论与合谋理论的应用——风投机构进入

基于资源依赖理论，风投机构一贯是通过推动创业公司上市来获得高额回报的。其在 IPO 整个过程中具有丰富的经验以及人脉，风投公司可以成为创业企业和政府相关部门之间的桥梁。企业想要通过 IPO 上市有着严格的条件，企业在申请 IPO 时，为了能够顺利上市可能会采取各种类型的机会主义行为来获得 IPO 资格。如果投资机构进行的并不是真正意义上的价值投资，仅仅是盲目地追求通过推动企业成功上市获得高利益，从企业自身长远发展来看并不乐观。当风投机构不能通过参与创业企业的内部治理来提升企业实力时，可能会利用自己丰富的资本运作经验来帮助创业公司实现短期的实力提升。为了能够达到上市公司的标准而盲目追求短期利益，终将反噬企业自身，对企业的长期成长能力造成损害。

基于合谋理论，从 IPO 公司的角度来看，与风投机构的合谋可以补足企业缺乏的现金流，避免高额负债的风险并保持公司的控制权。"快进快出"型风投机构在企业内停留的时间较短，无法从根本上提高企业的经营效率。拟上市企业之所以在知晓该类型风投机构无法为企业带来"增值效应"时还愿意以远低于发行市盈率的价格引进"快进快出"型风投机构，是因为"快进快出"型风投机构除了能够帮助企业更快地通过证券监管机构的审核，还可以为企业带来"认证价值"。从风投机构的角度来看，"快进快出"型风投机构辅助 IPO 公司的成功上市并通过快速退出机制来获取最大利益的回报，同时扩大自身的知名度并建立声誉。风投机构为了追求自己的短期利益会对企业的长期成长能力造成损害，并影响投资者的利益。

本书选取 2010—2016 年所有向深圳证券交易所创业板申报上会的公司作为研究对象，通过理论分析与实证研究发现风投机构的进入确实可以加快企业 IPO 进程，提高 IPO 过会率。实证结果也证实风投机构持股可能会抑制上市公司后续的企业价值以及盈利能力。存在"投机"目的的风投机构可能会为了短暂的利益帮助上市公司获得更多的募集资金。当风投机构选择和上市公司绑定利益时，其认证功能将会消失。在强调以信息披露为核心监管理念的注册制下,投资者眼中的风投机构将会具备更大的认证效用,风投机构与IPO公司的利益关系并不会发生本质的变化,仍可能产生合谋逐利的机会主义动机及行为,破坏资本市场的长期稳定。

第四章

政治关联与 IPO 公司
机会主义行为研究

企业行为决策处于客观环境中，除企业内部外，各外部利益相关者及其与企业的关系都会影响企业行为。从 1993 年开始，我国股票发行制度先后经历了由审批制到核准制再到注册制的发展与改革，监管机构的调控方式均离不开行政调控。IPO 注册制已实施，虽然注册制淡化了监管部门的作用，但政府部门的作用仍然不可小觑。一些研究者认为政治关联能为企业带来一定好处，可能在一定程度上加快企业上市速度或更易获取银行贷款等。我国的资本市场中，一些民营企业可能存在利用政治关联寻租的动机及行为。

第一节 政治关联与 IPO 公司
机会主义行为动机分析

一 战术性资金动机

所有权和经营权的分离滋生了委托代理问题。由于所有者与经营者的效用函数不一致，管理者的行为并非完全与所有者期望的一致，并且公司的所有者不可能对经营者的行为进行完全监督。高管具有政治关联性在资本市场中较为常见，一些研究者认为其能够为企业发展带来一定裨益，但也可能是管理层增加经营管理权力、进行寻租获利的有利条件。某些企业管理层可能利用对监管机构职能的熟悉及与监管人士的社会关联，谋取短期私利。

二　战略性资金动机

作为企业经营决策和执行贯彻者的管理层和控股股东，是理性经济人。在兼顾企业价值和利益最大化的同时，更为关注的是自身收益和价值的实现。就企业上市对管理层和控股股东的好处而言，企业顺利上市能确保管理层更长久的薪酬实现和控股股东的长期收益。从内部利益相关者的层面来看，管理层更倾向利用自身的寻租行为让企业顺利通过监管部门的监管，降低IPO过程中违规处罚的成本和监管强度，以确保未来长期收益的实现。

三　战术性控制动机

（一）增大专利申请通过率

企业可能会利用与政府的良好关系，在IPO期间将自己包装成一个高科技创新企业，诱导投资者投资，或通过增加自己的专利数量获得政府补助。但企业的科技创新能力与这些专利数量不完全匹配，在竞争激烈的市场中，这类并无核心竞争力的企业终将被淘汰。

（二）粉饰业绩

管理层政治关联可以提升企业与政府沟通的效率与效果，获得政府的政策支持与态度认可。为了吸引投资者投资以在资本市场获得更多资金，某些盈利能力不佳的企业，可能伺机获取更多的政府补助，甚至使用政府补助掩盖企业经营不善的问题。对于依赖政府补助资金形成经营业绩的企业而言，在失去政府的政策支持后，业绩难以为继，进而会给投资者带来巨大损失。

四　战略性控制动机

（一）获取政策支持和政治资源

企业的融资水平与能力对于企业的生存发展及IPO意义重大。具有寻租动机的企业，更容易产生诸多寻租手段以获取更多资源。基于资金需求，IPO公司为了能顺利上市，某些高管可能会处于自利的动机而产生寻租行为的动机。

（二）提高员工的黏性和积极性

公司在上市前后的知名度会有非常显著的差异，当公司顺利 IPO 上市后，公司整体的知名度会有所上升，公司员工综合价值也随之提升。公司上市后，由于监管要求，公司需要向公众披露大量的信息，因此公司会更加规范化、体系化地运作，在这样的条件下，员工所承受的压力以及承担的风险会降低。在上市公司内控体系逐步完善的同时，员工的能力也能得到提升。当服务于一个内部管理制度更加透明合理、知名度更高的公司时，员工的工作热情会有所增加，从而可为公司创造更多财富，这也是企业所有者与经营者的目标之一。

第二节 政治关联与 IPO 公司机会主义行为表现概述

一 主动机会主义行为表现

注册制弱化了对企业上市盈利指标的硬性规定，上市条件更加多样化，同时加大了违规处罚力度，使政府的"有形之手"更多地作用于上市之后。注册制下，虽然政府监管部门仅对申请资料的真实准确性做检查，不对企业自身和拟发行股票价值做判断，但仍需政府监管部门对企业的 IPO 申请资料进行全面审核，再由证券交易所根据监管部门的审核结果准许或拒绝企业 IPO 上市。企业为了能获得更多利益和争夺上市机会，就可能出现机会主义行为。部分企业在未能满足上市条件或急于上市的情况下，为了能顺利 IPO，可能会主动采取机会主义的寻租行为，从而为企业争取本不属于自己的上市机会或缩短上市进程，使那些发展前景良好、具有发展潜力和核心科技创新能力的企业失去及时融资的机会，不利于资本市场的健康发展。

二 被动机会主义行为表现

注册制下不同板块对企业的上市要求会有所不同，如在科创板申请上市的企业必须满足如芯片设计、半导体制造、新材料、云计算、大数据、生物制药等行业的要求，符合国家战略，掌握核心技术。而企业是否属于科技创新企业，需要一定数量的专利和知识产权来确定。鉴于该种上市门槛，对于科技创新能力不强、专利数量不够的企业，为了达到上市条件，有可能会通过伺机寻租的行为提高本企业专利申请通过率，被动地根据规则调整自身的行为决策。

三　原环境（核准制下）机会主义行为表现

在核准制下，我国公司IPO的时机是企业和政府双重力量的决策结果，企业在证监会审核过程中的等待时间过长会对企业经营成本、绩效及存活率产生直接影响，不但影响了公司上市的资金成本，更可能令企业因融资受阻、市场不确定性增加等原因陷入困境。某些企业会产生寻租的动机，上市给企业带来的诱人好处会使企业铤而走险。然而，以寻租方式获得的IPO机会，会使证券市场资源配置扭曲，侵害投资者的利益。核准制下，发行人申请发行股票时，除了要公开企业的真实情况，还必须符合有关法律规定的必要条件。核准制为实质管理原则，证券发行方不但要充分公开真实状况，而且必须符合若干适于发行的实质条件。该制度下的审核时间较长，审核权集中于监管部门，相关部门存在一定的自由裁量权，一些民营企业可能会萌生进行IPO的过程中开展寻租活动的动机。

四　新环境（注册制下）机会主义行为表现

尽管IPO注册制淡化了政府部门的作用，但对于我国资本市场发展现状的特殊性而言，仍需政府部门对市场的调节与监管。在原环境（核准制）下，企业的财务状况和业绩是硬性标准，难以满足条件的企业可能会通过关联关系以寻租方式获得更好的IPO资源。在注册制下，上市门槛多样化，对企业的业绩和盈利能力没有硬性的指标要求。但企业为了提高股价，获得更多资金，可能会出现更加隐秘的机会主义行为，机会主义形式也可能更加多样化。企业拥有较多的专利和知识产权数量后，可以吸引投资者前来投资，获得更多资金。但通过寻租活动而获得的专利或知识产权企业并未拥有真正的科技创新能力，只能昙花一现，终将被市场淘汰，最后的埋单者仍是投资者。所以，尽管注册制对于原环境（核准制）下较为活跃的寻租上市行为会起到一定的抑制作用，但企业通过隐秘的手段获取资源的现象仍然难以完全消除，而这类短视和自利的机会主义行为都会导致市场资源配置扭曲，阻碍资本市场发展。

第三节　政治关联与 IPO 公司机会主义行为案例分析

某些企业可能会不正确地利用政治关联，产生伺机寻租而谋取短期利益的机会主义动机，忽略企业自身实力的提升，从而使政府补助产生一定的挤出效应。然而，若企业正确运用政治关联，通过合理的政府补助以补足企业创新研发所需的资金短板，加大自身的创新投入，抓住机遇，积极进取，提升核心竞争优势，则能给企业的长足进步及长期发展带来积极的效应，从而使政府资源产生挤入效应，真正发挥其辅助企业提高创新产出，解决市场失灵等问题的作用。

一　K 公司案例分析

（一）K 公司简介

K 公司成立于 1999 年，是一家知名的智能语音和人工智能上市公司。在智能语音、自然语言理解、计算机视觉等方面具备较为领先的核心技术研发能力。其旨在积极推动人工智能产品和行业应用落地，用人工智能建设美好世界。2008 年，K 公司在深圳证券交易所挂牌上市。2019 年，K 公司的技术创新产品除获得世界人工智能大会最高荣誉应用奖外，还成为 2022 年北京冬奥会和冬残奥会官方技术支持供应商。2019 年 10 月，在教育部、国家语言文字工作委员会（以下简称国家语委）的指导下，承建国家语委全球中文学习平台。2020 年，基于在认知智能领域的前瞻攻关，以及将技术规模化落地应用取得的显著应用成效。2021 年度，K 公司人工智能核心技术持续突破，"根据地业务"深入扎根，源头技术驱动的战略布局成果持续显现。全年实现营业收入超过 183 亿元，扣非归母净利润 9.79 亿元，经营规模和经营效益同步提升，在关键赛道上"领先一步到领先一路"的格局持续加强，"十四五"时期公司经营收获良好开局。

（二）K公司政治关联情况

K公司于2008年进行IPO。从该公司首次公开发行招股说明书及公司年报数据公布的董事、监事，高级管理人员（以下简称董监高）简介中获悉，该公司2008—2021年均存在政治关联现象（见图4-1）。政治关联的定义标准为董监高在从业经历中担任过政府官员、人大代表、党代表或政协委员等。由统计结果可知，该公司的政治关联人数自上市当年一直保持在较高水平，自2015年开始，整体呈下降趋势。然而，如前文所述，政治关联可能并非企业刻意而为之。

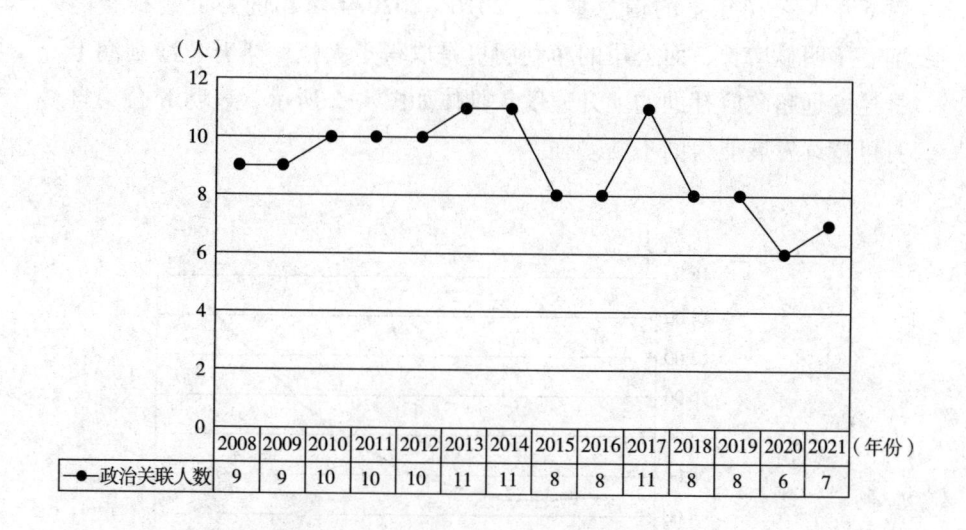

（年份）	2008	2009	2010	2011	2012	2013	2014	2015	2016	2017	2018	2019	2020	2021
政治关联人数	9	9	10	10	10	11	11	8	8	11	8	8	6	7

图4-1　K公司2008—2021年政治关联人数

资料来源：K公司首次公开发行的招股说明书及公司年报数据。

（三）K公司政府补贴情况

创新是企业发展的根本动力。根据《中华人民共和国企业所得税法》《中华人民共和国企业所得税法实施条例》的有关规定，经国务院批准，2016年国家修订印发了《高新技术企业认定管理办法》及其附件《国家重点支持的高新技术领域》。凡经认定的高新技术企业，除企业所得税可获得一定比例的降低、国家及所在地区有关优惠政策外，还能够获得较大力度的财政补贴资金。高新技术企业的认定，将有效提高企业的科技研发管理水平，为企业在市场竞争中提供有力的资质，助力提高企业核心竞争力，提升企业价值及品牌形象。

K公司作为一家新兴的软件公司，政府对公司的扶持力度非常大。政府补助金额数据来自深圳证券交易所官网披露的K公司首次公开发行招股说明书及公司年报数据。根据《企业会计准则第16号——政府补助》的规定，政府补贴包括资产和收益相关补助。根据K公司首次公开发行的招股说明书的披露，K公司2005—2007年的政府补助金额分别为916.99万元、791.52万元和535.30万元。根据近5年K公司年报的信息披露，2016—2020年每年的补助规模较之前有了明显增长，而公司的净利润更是取得了大幅度攀升，净利润上升速度远超政府补助的上升速度，具体如图4-2所示，表明K公司自身可持续发展能力的不断增强。

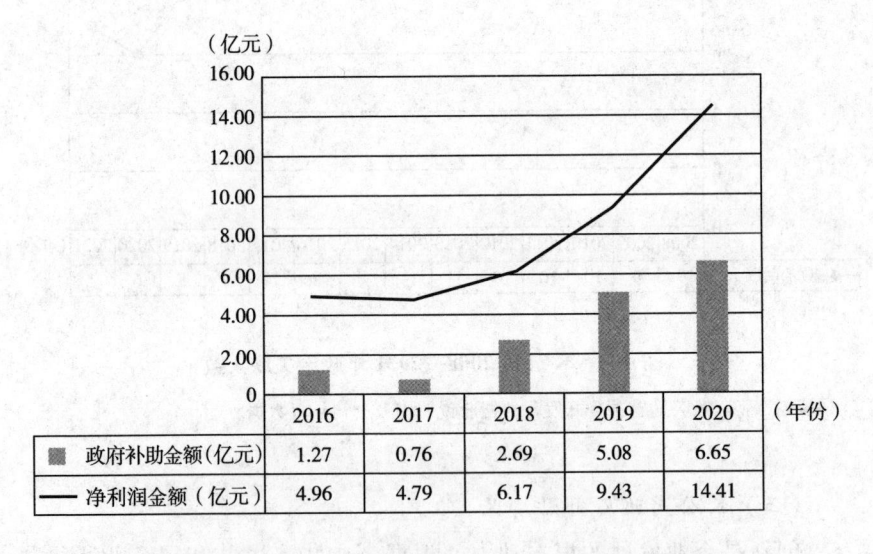

（年份）	2016	2017	2018	2019	2020
政府补助金额（亿元）	1.27	0.76	2.69	5.08	6.65
净利润金额（亿元）	4.96	4.79	6.17	9.43	14.41

图4-2 K公司2016—2020年净利润及政府补助情况

资料来源：2016—2020年K公司年报数据。

（四）K公司主要财务指标变化情况

1. 盈利能力

根据会计准则的规定，与政府补助结转相关的会计科目为递延收益、其他收益与营业外收入。在资产没有被投入使用的时候，政府拨付的补助先计入递延收益中；到资产投入使用时，分期将递延收益中的政府补助转入其他收益或者营业外收入中，到年底的时候一并结转入利润。如果转入了其他收益中，说明该项业务与企业日常经营活动相关；如果转入了营业外收入中，说明该项业务与企业日常经营活动无关。

政府补助可以分为其他收益和营业外收入两个部分。K公司2016—2020年的政府补助总额、营业外收入、其他收益的情况如图4-3所示。由此可知，2016—2017年营业外收入占政府补助的比重较高，说明该时期企业的主营业务的发展较为缓慢。然而从2018年及以后年份来看，政府补助中的其他收益则占据了最大的比重，表明2018年以后的政府补助方向发生了转变，主要集中于与企业日常经营活动相关的项目，以及与该公司核心技术产品及系统的研发紧密相关的方面。

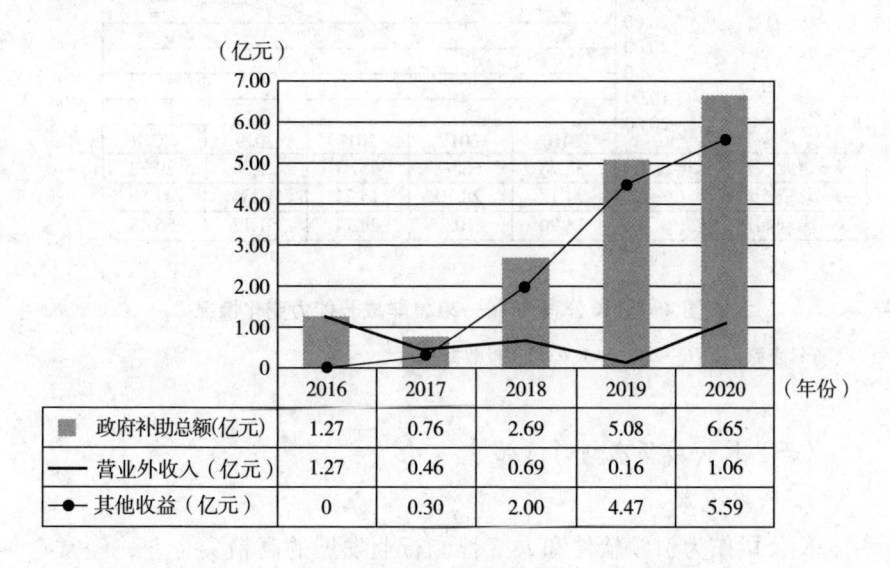

（年份）	2016	2017	2018	2019	2020
政府补助总额(亿元)	1.27	0.76	2.69	5.08	6.65
营业外收入（亿元）	1.27	0.46	0.69	0.16	1.06
其他收益（亿元）	0	0.30	2.00	4.47	5.59

图4-3 K公司2016—2020年盈利能力变化情况

资料来源：2016—2020年K公司年报数据。

2. 成长能力

企业成长能力强调企业应对瞬息万变的市场环境的能力，反映出企业未来的发展前景。对企业成长能力进行分析，可以得到关于企业收益和融资等经营能力的信息，以明确企业的成长潜力。本书以净利润增长率、营业收入增长率和总资产增长率三个代表指标来分析企业成长能力，以企业收益能力的指标分析企业的成长潜力。如图4-4所示，近几年公司的营业收入增长率和总资产增长率整体平稳。净利润除2017年外，其余年份的净利润均呈现较大的增长幅度。2017年净利润下滑的原因在于K公司2016年对其他公司进行了收购，并加大了重点项目的布局和投入。而此后几年净利润持续大幅增长，表明K公司具备正确合理的战略规划和经营思路。

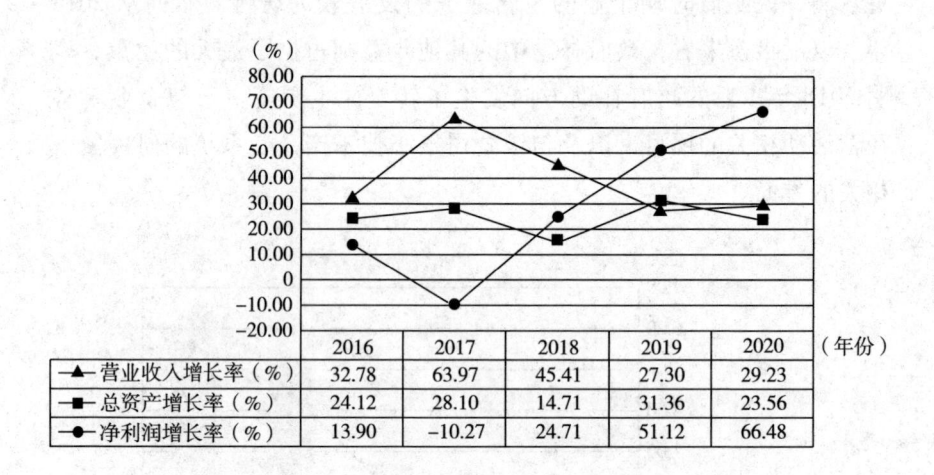

(%)	2016	2017	2018	2019	2020
▲营业收入增长率（%）	32.78	63.97	45.41	27.30	29.23
■总资产增长率（%）	24.12	28.10	14.71	31.36	23.56
●净利润增长率（%）	13.90	-10.27	24.71	51.12	66.48

图4-4 K公司2016—2020年成长能力变化情况

资料来源：2016—2020年K公司年报数据。

（五）K公司研发创新情况

1. 研发投入

K公司作为引领软件和人工智能行业发展的高精尖企业，经常牵头各种重要的科技创新项目，比如科技部开展的科技创新2030重大项目"以中文为核心的多语种自动翻译研究"和"智能语音开放创新平台"项目等核心项目。项目的推进需要大量的资金支持，其中，政府作为推进重大项目的主导力量，在推动项目的进程中对企业进行了大力支持。某省作为长三角的一分子,以天独厚的产业优势为依托,大力发展人工智能平台重大新兴产业创新项目;K公司作为该省发展人工智能产业的领军企业,获得了该省和省会城市的诸多项目补助。

2016—2020年K公司的科学研究与试验发展(R&D)支出(研发投入)呈增长趋势,具体如图4-5所示,从数据的变化可以看出公司对研发活动的重视,R&D投入在逐年大幅提升。政府补助对研发活动有一定的促进作用,但是K公司对研发活动的高度重视更是研发投入保持在高水平的关键因素。此外,2016—2020年,研发投入与营业收入的比值分别为21.36%、21.04%、22.39%、21.27%和18.55%,占比大体保持在20%左右,更加证明了K公司快速发展的立身之本在于关注研发。

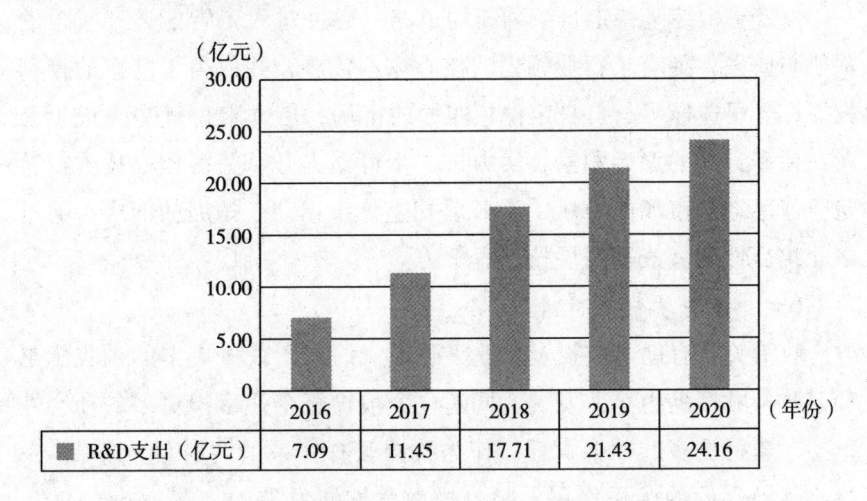

年份	2016	2017	2018	2019	2020
R&D支出(亿元)	7.09	11.45	17.71	21.43	24.16

图4-5 K公司2016—2020年研发能力变化情况

资料来源:2016—2020年K公司年报数据。

2. 自主创新发展路径

K公司进入语音研发市场较早,在智能语音技术研究方面有着丰富的经验,具备行业内名列前茅的软件科学知识和相关技术能力。纵观K公司的成长历程,先后经历了三个重要的阶段,实现了从技术跟随到技术并跑,再到技术领跑的跨越(见图4-6)。

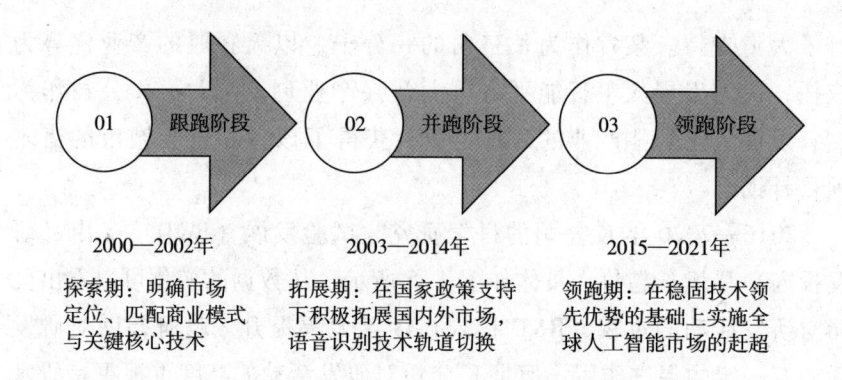

```
01  跟跑阶段        02  并跑阶段         03  领跑阶段

2000—2002年       2003—2014年       2015—2021年

探索期：明确市场   拓展期：在国家政策支持  领跑期：在稳固技术领
定位、匹配商业模式  下积极拓展国内外市场，  先优势的基础上实施全
与关键核心技术     语音识别技术轨道切换   球人工智能市场的赶超
```

图 4-6　K 公司获得创新优势的发展历程

资料来源：来自文献《关键核心技术突破与国产替代路径及机制》的相关分析并整理提炼。

K 公司始终坚持走自主创新的道路，通过对人工智能语音技术的深耕与研发，拥有了行业领先的核心竞争优势，并取得了共享的控制权。K 公司选择了与自身定位相匹配的市场，借助卡位优势完成了公司在诸多方面的原始积累，实力进一步得到提升。关键核心技术在特定赛道落地的市场能力赋予了 K 公司整体市场动态拓展的能力，通过多元化良性发展成功拓展核心竞争力。

（六）社会责任履行情况

政治关联有助于被投资企业突破融资约束，获得更多的税收优惠和财政补贴，助力企业发展，同时也令被投资企业承担更多的社会性负担，履行更多的社会责任。作为我国教育体系的"神经末梢"，乡村小规模学校的优质发展，是打通教育均衡发展的"最后一公里"。在乡村教育领域，K 公司大力推广"人工智能助力教育，因材施教成就梦想"理念，将人工智能与教育场景相结合，帮助乡村学生更好地学习。K 公司自实施"AI 教育公益计划"以来，已在安徽、河南、四川、贵州、新疆、河北、山西、湖北、内蒙古、山东等地实现落地，K 公司的智慧教育产品和服务已覆盖全国 3.8 万所学校超过 1 亿师生，让更多贫困地区的孩子接受良好教育。在医疗领域，K 公司从 2016 年开始布局医疗业务。2017 年 8 月，"智医助理"系统通过了国家执业医师资格考试验证,目前,"智医助理"系统陆续推广到全国30个省份的300余个区县,累计提供超过近4亿次辅助诊断建议,使基层医生的诊断合理率从70%提升至90%以上。过去一年,仅在K公司所在省就帮助基层医生修正了17万人次的首次诊断,有效降低了漏诊、误诊风险,防止了用药失误,不仅造福百姓,还节约了国家医保经费。2021年7月,K公司与该省某县签订生态环保和乡村振兴捐赠协议,专项捐赠1000万元用于该县某镇某村,重点扶持该村毛竹生态保护和"林下"产业发展。此外,在环境保护、扶贫等领域,K公司均较好地履行了社会责任。

(七)案例总结与启示

从政府行为看,新发展格局下,政府作为"有形的手",应围绕提升企业自主创新能力这一目标制定相关政策,对企业进行补助就是举措之一。以上数据表明K公司具有良好的盈利能力和成长性,综合实力持续提升,核心竞争力不断增强。其体现的公司战略的合理性及强劲的创新能力,更得益于政府对公司的持续扶持。从2018年开始,K公司的创新产出提升速度加快,拥有了多项自主知识产权的核心技术,收获了广泛的认可和赞誉。政府随着公司经营能力的发展而增加对公司的补助投入,可见对K公司的发展前景看好,政府补助对K公司的成长有较大的帮助。

高新技术企业的发展壮大,一定程度上需要国家提供大力的补助与支持。政府不但给予企业大量的补助资金,还在税收及IPO上市条件等方面予以了相应的支持。K公司的案例有力地证明了政府补助对研发活动有促进作用,政府补助能够为企业发展注入动能,缓解研发所需资金短缺等问题,助力企业全心全意地投入研发。就政治关联方面,企业自2008年上市当年,其董监高人员即存在一定的政治关联现象,在政府及相关部门有过履职经验的董监高人员,在诸多方面更能敏锐和精准地解读和把握政府的最新政策,运筹帷幄,做出更加合理的判断和科学的决策。而在2017年政治关联人数达到峰值,随后逐年下降,但就公司获得的政府补助及绩效情况而言却不降反升,充分说明企业发展主要依靠的是自身经营效率的提高和核心竞争优势的提升。

二 Z公司案例分析

（一）Z公司简介

Z公司成立于2004年，是一家以中国为基地、面向全球的微观加工高端设备公司。通过向全球领先的半导体和LED芯片制造商提供极具竞争力的高端设备和高质量的服务，Z公司为客户的技术水平提升、生产效率提高、生产成本降低和竞争力增强做出了重要贡献。通过多年持之以恒的艰苦研发，Z公司在半导体及二极管等的生产制造方面都取得了丰硕的成果，并在其他高端设备领域获得了核心竞争优势，走出了一条属于自己的创新之路。Z公司的等离子体刻蚀设备和硅通孔刻蚀设备已被广泛应用于国际一线客户，Z公司开发的用于LED和功率器件外延片生产的金属有机化学气相沉积设备（MOCVD）也已在客户生产线上投入量产，并在全球同类设备市场占据领先地位。K公司于2019年成功在上海证券交易所科创板上市。

（二）Z公司政治关联情况

Z公司于2019年进行IPO。从该公司首次公开发行招股说明书及公司年报数据公布的董监高简介中获悉，该公司2019—2021年均存在一定程度的政治关联现象。其中，政治关联的标准与前文所述一致，即董监高在从业经历中担任过政府官员、人大代表、党代表或政协委员等则定义为存在政治关联，并加总统计人数。由统计结果可知，该公司的政治关联人数自上市当年一直保持在3人。

（三）Z公司经营概况与政府补助情况

1. 公司经营概况

由Z公司的年报数据可知（见图4-7），公司近5年的营业收入及净利润呈现稳定的上涨趋势，利润的年增长率超过100%，2020年达到160.32%。2021年，Z公司营业收入同比增长36.7%达31.08亿元，归母净利润同比增长105.5%达10.11亿元。可见Z公司发展的良好势头，产销量持续大幅度提升，经营效率显著提高，经营能力也进一步增强。Z公司于2019年在科创板上市，上市不仅畅通了融资渠道，更促进了公司技术创新、业务拓展、产业链协同、人才吸引等各方面的发展，为公司的发展提供了充足的养分和十足的动能。

	2017	2018	2019	2020	2021
归母净利润（亿元）	0.29	0.91	1.88	4.92	10.11
营业收入（亿元）	9.72	16.39	19.47	22.73	31.08

图 4-7　Z 公司 2017—2021 年经营业绩

资料来源：2017—2021 年 Z 公司年报。

与此同时，从 Z 公司 2017—2022 年盈利能力指标可知（见图 4-8），公司近 5 年的净资产收益率及每股收益整体呈上升趋势，表明公司盈利能力和水平从 2018 年开始逐步提升。

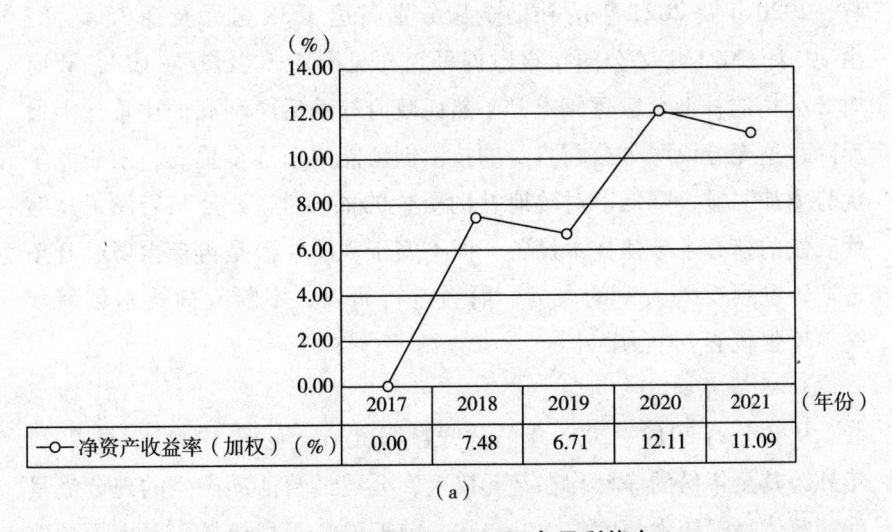

	2017	2018	2019	2020	2021
净资产收益率（加权）（%）	0.00	7.48	6.71	12.11	11.09

（a）

图 4-8　Z 公司 2017—2021 年盈利能力

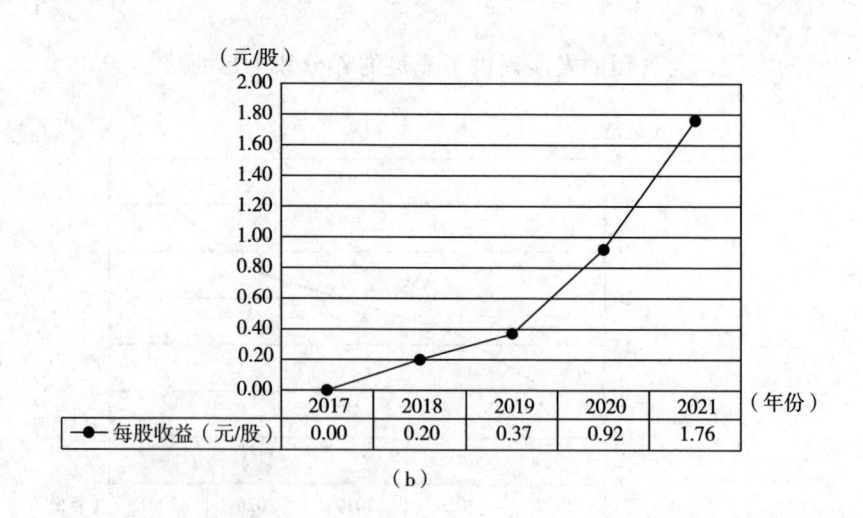

(元/股)	2017	2018	2019	2020	2021
每股收益（元/股）	0.00	0.20	0.37	0.92	1.76

(b)

图 4-8　Z 公司 2017—2021 年盈利能力

资料来源：2017—2021 年 Z 公司年报。

2. 政府补助与公司净利润

新时期，我国提出了创新驱动发展的国家战略，企业科技创新得到了高度重视，大批高新技术企业顺应形势，积极响应国家创新号召，投身于自主研发创新中。政府也对该类企业给予了大力度高水平的资金补助。Z 公司 2017—2021 年所获得的政府补助大体呈上升趋势，2020 年及 2021 年的补助金额分别高达 3.38 亿元及 3.75 亿元。由 2017—2021 年 Z 公司年报数据可知（见图 4-9 及图 4-10），政府对 Z 公司的补助金额逐年上升，然而政府补助后净利润的比重却不增反降，这充分说明 Z 公司自身的技术创新能力正逐步提升，核心竞争优势愈加明显，降低了对政府补助资金的依赖性。Z 公司研发了具有代表性的核心半导体技术设备，但不安于现状，而是再接再厉、开拓进取，继续投入大量的人力、财力进行研发，不断提高技术创新水平，增强核心竞争力。

3. 政府补助与公司现金流

从 Z 公司 2017—2021 年的公开数据可知（见图 4-11），除 2017 年外，其余年份的净额均在亿元以上，公司经营活动产生的现金流量净额整体呈现较大幅度的上升趋势。前期的公司规模扩张及大量的研

第四章 政治关联与IPO公司机会主义行为研究

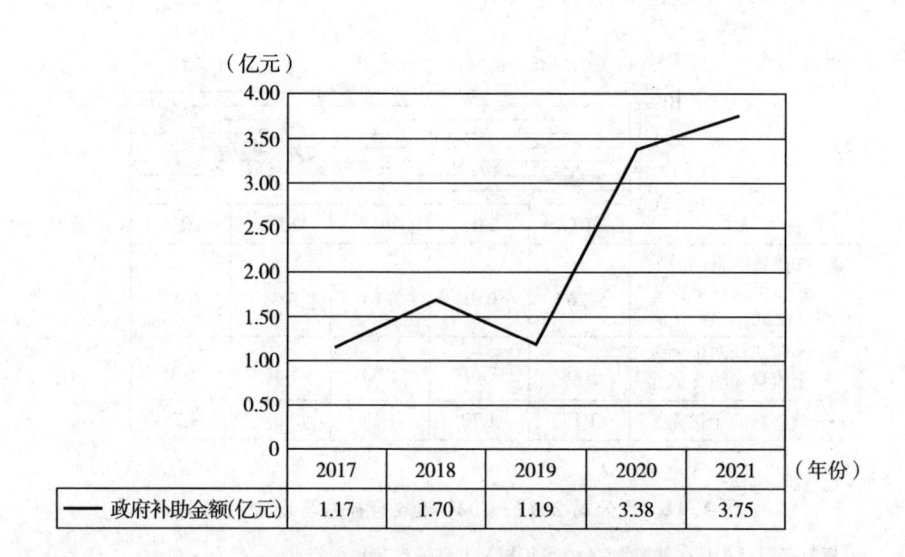

(年份)	2017	2018	2019	2020	2021
政府补助金额(亿元)	1.17	1.70	1.19	3.38	3.75

图 4-9　Z 公司 2017—2021 年政府补助情况

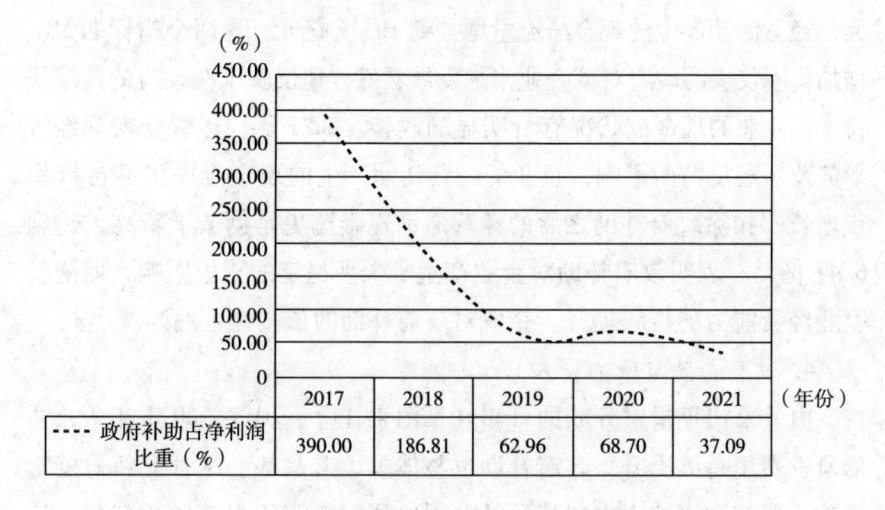

(年份)	2017	2018	2019	2020	2021
政府补助占净利润比重（%）	390.00	186.81	62.96	68.70	37.09

图 4-10　Z 公司 2017—2021 年政府补助占净利润比重情况

资料来源：2017—2021 年 Z 公司年报及上海证券交易所公告。

发活动对公司的经营产生了可持续的正向效应，而政府补助资金的注入缓解了早期公司现金流不足的问题，助力了企业的发展。从 2018 年开始，企业经营活动产生的现金流量净额显著增长，这正是因为企业在政府补助及自身努力下提高了竞争力和市场份额，提高了经营效

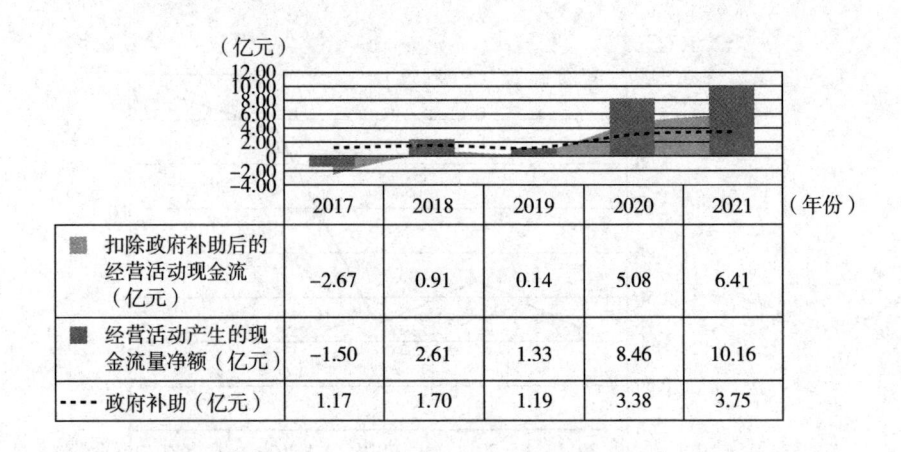

	2017	2018	2019	2020	2021
扣除政府补助后的经营活动现金流（亿元）	-2.67	0.91	0.14	5.08	6.41
经营活动产生的现金流量净额（亿元）	-1.50	2.61	1.33	8.46	10.16
政府补助（亿元）	1.17	1.70	1.19	3.38	3.75

图 4-11　Z 公司 2017—2021 年政府补助与现金流情况

资料来源：2017—2021 年 Z 公司年报及上海证券交易所公告。

率和资金利用率。2021 年，政府补助较往年持续增加，达到 3.75 亿元，经营活动产生的现金净流量增加到 10.16 亿元，这两个指标的大幅增加，不仅表明政府对该企业未来发展看好，还反映了在政府的持续扶持下，企业的现金流状况有着明显的改善。2021 年，尽管受宏观经济形势及新冠疫情的影响，企业的经营活动产生的现金流净量额持续稳步增长，扣除政府补助之后的经营活动现金流更是创造了新高，达到 6.41 亿元。表明政府补助对企业产生了长期稳定的积极影响，而随着企业经营能力的持续提升，企业对政府补助的依赖性也逐渐减小。

4. 政府补助与研发投入

由 Z 公司年报财务数据可知（见图 4-11），2017—2021 年 Z 公司的研发费用持续上升，政府补助也整体呈上升趋势。尽管受新冠疫情影响，但在政府的大力扶持下 Z 公司的研发投入仍保持增长趋势，这不仅说明政府补助发挥了累积的效应，还反映了 Z 公司在宏观经济形势受新冠疫情影响的时期，始终未改变政府补助资金的用途，而是积极地大力投入研发创新。政府通过拨款的途径激励企业自主研发创新的政策发挥了极大的积极作用，使国家补贴政策成为 Z 公司走研发创新之路的坚强后盾。虽然政府补助逐年提高，但研发费用占营业收入的比重并未提高，证明企业始终高度重视自主研发创新、产品升级，不断提高技术水平，强化核心竞争优势，因而获得了较大的市场占有率及可观的营业收入。Z 公司 2017—2021 年的政府补助与研发费用情况如图 4-12 所示。Z 公司 2017—2021 年研发费用占营业收入的比重情况如图 4-13 所示。

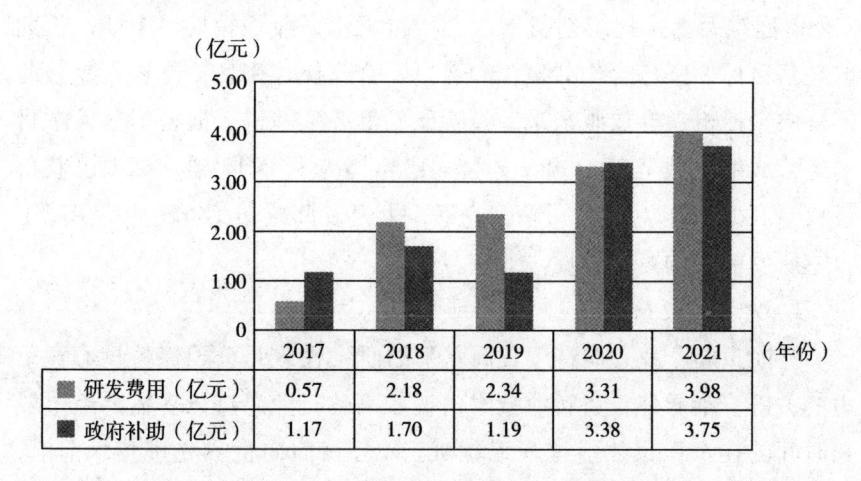

（亿元）	2017	2018	2019	2020	2021
研发费用（亿元）	0.57	2.18	2.34	3.31	3.98
政府补助（亿元）	1.17	1.70	1.19	3.38	3.75

图 4-12　Z 公司 2017—2021 年政府补助与研发费用情况

资料来源：2017—2021 年 Z 公司年报及上海证券交易所公告。

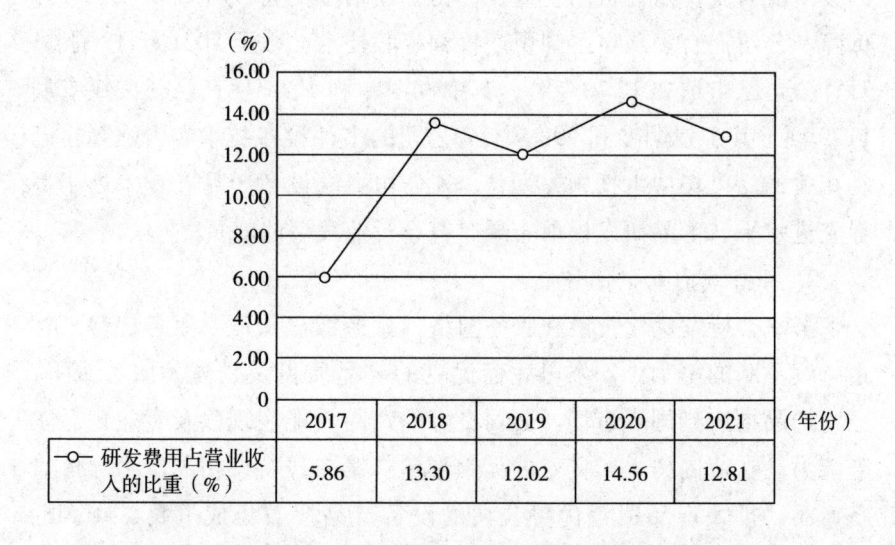

（%）	2017	2018	2019	2020	2021
研发费用占营业收入的比重（%）	5.86	13.30	12.02	14.56	12.81

图 4-13　Z 公司 2017—2021 年研发费用占营业收入的比重情况

资料来源：2017—2021 年 Z 公司年报及上海证券交易所公告。

（四）自主创新优势

受通信、汽车电子以及消费电子等产业强劲需求的推动，一方面半导体设备市场需求不断增大；另一方面，芯片供应短缺传导至供应链各个环节，叠加国际政治、经济环境变化，形成错综复杂的局面。Z公司迎难而上，持续创新增效，精益营运，兼顾短期、中期、长期的经营目标，坚持合作共赢，和客户及合作伙伴密切协作，在复杂的形势中紧抓机遇，放眼未来，经营质、量齐头并进，取得了令人瞩目的经营成绩。截至2021年，Z公司已申请专利2012项，其中已获得授权专利1193项。Z公司多管齐下，大力发挥核心竞争优势，保障了自主研发能力的可持续性。

1. 大力度的研发投入

提前布局产业发展持续较高水平的研发投入是公司保持核心竞争力的关键。半导体设备行业技术门槛较高，行业新进入者需要经过较长时间的技术积累才能进入该领域。Z公司面向世界先进技术前沿，以国际先进的研发理念为依托，专注于高端微观加工设备的自主研发和创新。除大力度、高水平的研发资金投入外，Z公司对于研发人员的技术能力及稳定性也高度重视，为创新活动的持续开展提供了有力保障。公司拥有多项自主知识产权和核心技术，截至2021年12月31日，公司已申请2012项专利，其中发明专利1741项；已获授权专利1179项，其中发明专利993项。Z公司的多种设备技术实力强劲，已在相关产品市场中占据领先地位。Z公司高端设备产品和技术处于世界先进水平，产品研发提前布局，符合行业发展趋势。

2. 可持续的竞争优势

第一，持续优化营销和服务网络，打造客户认证及服务优势。经过持续不断的努力，Z公司凭借优良的产品质量及领先的服务水平，已将产品推广到国际市场。公司良好的产品性能表现以及专业售后服务能力已在业内树立了良好的品牌形象。第二，持续拓展泛半导体设备产品。扩大产品覆盖优势公司的设备产品覆盖集成电路、MEMS、LED、平板显示等不同的下游半导体应用市场，具有不同的周期性，多产品覆盖能够一定程度地平抑各细分市场波动对公司业绩带来的影响。第三，建立全球化采购体系。持续提升公司生产交付的服务水平，公司对于零部件供应商的选择十分慎重，对供应商的工艺经验、技术水平、商业信用进行严格考核，并对零部件进行严格测试。公司建立了全球化的采购体系，并在国内培育了众多的本土零部件供应企业，有力地保障了公司产品零部件供应和服务水平的持续提升。

3. 稳定的核心技术力量

第一，实施员工持股安排，加强核心技术人员凝聚力。为确保核心技术人员的稳定性，Z公司参照国际高科技公司的惯例制定并实施了员工持股安排，通过核心技术人员持有公司股权的方式增强了核心技术人员与公司之间的凝聚力。同时，核心技术人员均已签署《关于股份锁定及减持事项的承诺函》，进一步保障了核心技术人员的稳定性。第二，提供发展机遇和自主研发平台，增加核心技术人员稳定性。Z公司目前已成为我国半导体设备行业中极少数能与全球顶尖设备公司直接竞争的公司，Z公司具有成熟的研发机制和配套制度，积极为核心技术人员提供更多的发展机遇和更大的上升空间。第三，Z公司重视研发创新和产业化，给予核心技术人员相对自主的研发平台，满足核心技术人员对研发环境的需求，保证核心技术人员的长期稳定性。Z公司通过采取上述积极的措施，在一定程度上保障了核心技术人员的稳定性，较大程度地规避了核心技术人员等人才大量流失的巨大风险。

（五）社会责任履行情况

从2021年Z公司环境、社会及管制报告中获悉，Z公司高度重视社会责任的履行，在为客户和市场提供高科技产品和服务的同时，追求在环境保护、社会责任、公司治理等领域成为国际领先企业，推动经济和社会可持续发展。

首先，将社会责任融入本公司的发展战略规划中。一是在产品层面，Z公司持续开发高科技产品、立志改善人类的生产和生活方式，提高节能环保的产品。二是在环境层面，同过持续技术创新和优化运营管理，实现公司运营的节能减排。三是在社会层面，培养和推动供应链发展，在环境和社会责任访民领域持续做出贡献。与此同时，坚持以人为本，完善公平、公正的体系，为员工营造积极向上、健康安全的工作环境。支持社区、地区、城市、国家和全球的发展，实现共同富裕，合作共赢。四是在治理层面，遵守国内和国际商业规范，强化知识产权和质量管理，促进高科技产业健康有序发展。完善上市公司治理机制，强化风险管理体系，保障合规守法经营。

其次，较完整的ESG组织架构方面。Z公司董事会高度重视ESG管理工作，在董事会层面专门设立了"ESG委员会"，并建立了覆盖"决策层—管理层—执行层"的管理架构，全面领导公司的ESG发展方向，打造公司ESG品牌形象。一是决策层。公司董事会是ESG工作的决策层，是公司ESG工作的最高决策机构。董事会专门设立ESG委员会，负责制定公司ESG战略方针，对公司环境、社会和公司治理（ESG）重大事项进行审议与决策，并定期监督检查ESG相关事宜进度，履行上市监管部门对董事会提出的ESG工作要求，为董事会ESG决策提供支持。公司董事长担任ESG委员会主任委员（召集人），负责主持委员会工作。二是管理层。公司ESG领导小组为ESG工作管理层，由公司首席运营官和相关部门负责人组成，负责制定ESG管理制度，监督ESG工作执行情况，推进ESG工作顺利开展，并定期向ESG委员会汇报ESG工作进度。三是执行层。公司ESG工作小组为ESG工作执行层，由公司各部门和单位指派专职人员组成，负责ESG日常管理工作的具体落实，确保ESG工作目标达成。三级ESG管理架构有条不紊地推进公司ESG工作，提高公司ESG管理效率，提升品牌影响力。

再次，与利益相关方合作方面。Z公司度重视与各利益相关方的沟通，不断拓展沟通渠道，充分倾听相关方的意见和反馈，并采取有效措施，及时、真诚地回应利益相关方的关切与诉求，与利益相关方携手，共创可持续发展社会。除充分考虑股东、客户与员工的利益外，公司还积极响应国家的相关号召，更好地履行社会责任。一是与政府及监管机构。支持行业政策制定参与调研走访与会议日常审批和监管参与政府活动绿色制造生产，以期带动共同富裕、创造更多就业机会并助力"双碳"目标的实现。二是与供应商及合作伙伴。定期举行供应商大会、开展供应商问卷调查及供应商走访稽核等活动,以期建立公平公开公正的营商环境、提升商业道德、促进合作互利共赢。三是与社区沟通交流方面。通过助力新冠疫情抗击、开展社区公益活动、绿色生产运营、员工志愿者服务等,以期构建和谐社区,助力绿色低碳环保。

最后,可持续发展方面。一是实质性议题分析。为了解利益相关方的期望与需求,提升报告的实质性,公司对报告核心议题进行筛选和分类,从外部和内部利益相关方两个维度,识别出具有较强实质性的议题,并在报告中进行披露。二是贡献联合国可持续发展目标。联合国17个可持续发展目标是实现全人类可持续发展的美好蓝图,目标聚焦经济、环境、社会等维度的发展问题,提出了人类面临贫困、不平等、气候、环境退化、繁荣,以及和平与正义有关的共同挑战。Z公司积极行动,将社会责任理念与联合国可持续发展目标进行关联,不断深化履责方法与责任管理体系,助力全球在2030年前实现对应发展目标。

(六)案例总结与启示

政府补助通过直接影响企业的现金流和利润,进而对企业绩效发挥作用。由Z公司案例可知,政府补助的注入,使企业资金短缺的问题得到及时缓解,改善了企业的现金流,提高了企业当期利润,提升了企业盈利能力,增强了企业可持续发展的能力。此外,政府补助还助力企业进行高水平的研发投入,有利于企业进行高质量的技术创新。政府补助能够在补助当期明显地改善企业盈利能力和发展能力等财务指标,但要从根本上改善企业的偿债能力、营运能力及长期的可持续发展能力,还得依靠企业自身提高核心竞争力。案例中的Z公司,在政府补助的助力下持续不断地开展大力度的研发创新活动,努力提高资金利用率及经营效率,优化产业结构和公司治理水平,方取得了行业内傲人的经营成绩。在全面注册制下,大批的高新技术企业会涌入科创板,高新技术企业均应做到在获得补助后,妥善合理地利用补助资金大力进行技术研发,增强自主创新能力,尽量避免过度依赖政府补助。国家相关政策在一定程度上激励企业技术创新,随着获取政府补助的标准越来越严格，企业必须通过不断加大研发投入，契合国家资助的项目要求，主动研发创新，才能保证企业持续获得政府拨款资助。只有合理地运用政府补助，才能使企业健康、可持续地发展下去。

第四节　治理建议

一　现有治理文献概述

政治关联及政府补助对于企业的短期发展具有一定的支持作用，然而企业长期的价值提升仍需依靠自身的强劲实力。对于政治关联带来的积极作用，已有文献表明，政治关联公司更易获得融资机会（Khwaja and Mian, 2005；Claessens and Djankov, 2002）、税收优惠（吴文锋等，2009）和补贴（余明桂等，2010）。在盈余管理方面，政治关联会减弱有留学背景的高管对公司盈余管理的治理作用（贺亚楠、张信东，2018）。此外，股权激励有助于企业业绩提升（周云波、张敬文，2019），而政治关联会影响股权激励与资本结构之间的关系（赵宇恒等，2016），进而影响企业价值。在股票发行价格方面，Fan等（2007）的相关研究则表明政治关联会显著抑制IPO抑价。政治关联是一种企业质量信号，如企业享有补贴优势，是一种积极信号。对于某些存在侥幸心理的短视主义企业，以往相关研究提出了治理的对策并对治理效果进行了检验，一些学者认为中央从严治党的政策对政治关联企业的违规行为具有一定抑制作用。学者研究表明该类政策能够对企业并购事件起到一定的治理作用，政策的出台使政治关联公司的并购不再轻而易举，某些过去有着政治资源优势的公司绩效下滑也较为明显（颉茂华等，2021）；鲁清仿和陈光南（2022）的研究表明，在中央颁布的有关在政府中有职务的官员不得在企业兼职的文件实施之后，某些过去拥有独董政治关联公司的审计质量反而得到了一定提升；林雁等（2021）结合政策环境考察发现，党的十八大、十九大的相应号召及政策等对于提高企业的环保投资水平大有裨益，体现了监管对于抑制政治关联在环保方面的效应。李纪琛等（2022）通过三方博弈模型的研究表明，在当前我国发展机制尚未健全的政府引导基金模式下，政府干预成本、政府惩罚额度以及政府补贴力度等对系统主体策略行为选择能够产生有效作用，对于抑制市场不规范行为，维护资本市场的稳定运行具有一定效应。而在社交媒体监督方面，崔萌（2018）的研究验证了媒体关注对于拥有政府资本的民营企业应计盈余管理水平的抑制作用，从而证实了媒体关注的监督作用。

二 治理建议的提出

（一）基于企业自律的角度

1. 树立正确的经营理念

企业应树立正确的经营理念，戒掉急功近利的不良心态，将关注重心放在管理人员的治理能力、团队建设和科技创新上，抓住时代发展新机遇，加大研发投入的力度，提高创新产出的效率，从企业经营效率和核心竞争力层面不断提升企业核心竞争优势，逐渐降低对政治关联及政府补助资源的依赖。企业政治关联如若运用妥当可以帮助企业了解政府的决策，并有助于企业有效地应对和运用政策，还有利于帮助企业获得更多的合作机会，减少风险，促进企业的发展。IPO注册制使不少中小型科技创新企业看到了上市融资的希望，有不少科技创新企业选择在科创板IPO上市。科技创新需要投入大量的资金，国家出台的扶持高新技术企业的政策和财政补贴能够助力该类企业获得必要的研发资金，并向公众释放正面信息，有助于企业扩大融资渠道获得创新产出。企业更应把握发展机遇，树立正确的经营理念，完善公司治理体系，最大限度地利用好政府给予的政策性补贴及税收优惠条件，踔厉奋发，积极投身研发提高创新产出。企业内部也须建立健全的科技成果转化机制，在增加研发投入的同时，提高研发投入的资本化率和研发产出效率，大力提升可持续的核心竞争优势，方能真正意义上发展壮大。

2. 建立更加完善的公司治理体系

2018年9月，证监会修订了《上市公司治理准则》，强化上市公司在环境保护、社会责任方面的引领作用，进一步强化了对各关联方的约束，对信息披露质量及激励约束等提出了更高要求。2020年，证监会开展上市公司治理专项行动，以期提高公司治理水平。在形式上放松监管的注册制下，高管和股东在企业经营和决策中，更需杜绝利用人情交往的投机动机，进行利益输送和寻租操纵。切勿滋生投机取巧、走捷径的思想，时刻谨记道德与操守，杜绝机会主义操纵行为。在市场竞争日渐激烈的当下，上市公司更需重视企业长期的可持续发展，进一步优化自身的公司治理体系，建立多元化的上市公司高管评价与激励约束机制。在形式上放松监管的注册制下，上市公司作为发行的第一责任人，负有充分披露信息的义务，更应确保信息披露的真实客观、履行公平及保护投资者义务的履行。

（二）基于外部他律的角度

1. 优化政府部门政策制度

政府与企业之间存在一定程度的信息不对称，政府应进一步优化政府部门政策制度，在实施财政补助和政策性优惠的同时建立更加严格的监管机制。在助力企业积极创新的同时，也应尽力规避某些企业可能出现的如资金运用不当、分散资金等短视主义的寻租行为。政府在对企业开展税收优惠的同时，也应给企业设定经营和财务目标，以充分发挥税收优惠政策的激励作用。第一，对高新技术企业扶持的税收优惠政策和政府补助应有针对性地展开，对重点发展的企业应加大加计扣除比例和所得税税率优惠，适当增加补助项目和金额。可通过分步实施的方式，先以个别金额较小的项目就企业对补助的利用率进行考查，给予一定的考察期限，如若效果达到预期则可根据评估情况逐步增大扶持力度。第二，政府在对企业开展税收优惠的同时，也应给企业设定经营和财务目标，以充分发挥税收优惠政策的激励作用。可建立分阶段的考核标准及考核机制，补贴款项分阶段根据考核结果进行发放，以敦促企业提高政府补助资金的使用效率，保障政府补助得以顺利地转化为创新产出。第三，夯实证券交易所监管责任、财政部门及审计机构的审计责任，严格审计以保证政府资源的有效配置及资本市场的持续健康发展。与此同时，充分发挥政府、企业、公众、媒体等的多方监督作用，抑制企业短视近利的机会主义行为。

第四，调动市场发挥资源配置的决定性能力，进一步减少对经济不必要的干预，进一步释放财政分权体制的经济增长潜力，为大众创业、万众创新营造良好的政策环境，持续增强经济发展的内生动力。

2. 夯实证券交易所监管责任

注册制下，证券交易监管的主动性和积极性应进一步调动，证监会和证券交易所的职能分工及监管责任应进一步明确、细化和落实。尤其是在对上市公司所提交材料只需进行形式审查的注册情况下，证券交易所更应对拟 IPO 公司的审核质量及发行条件进行审查把关，客观公正地履行其审核监管的职能，恪尽职守，杜绝政企关系对审核的干预，落实信息披露责任，提高信息披露质量。只有通过以上途径，方能保障资本市场资源的公平分配，切实保护投资者及小股东的利益。

第五节 本章小结

本章采用案例研究方法，通过 K 公司及 Z 公司的经营情况进行案例分析，发现上述公司在 IPO 当年就存在一定的政治关联现象，并获得了高额的政府补助，但政治关联与政府补助对于上述公司的发展产生了积极的作用，助力了 K 公司及 Z 公司企业价值的增长，以及研发能力、成长能力的大幅提升，并获得了可观的创新产出及成果，产生了良好的经济效应及社会效应。尽管政府补助在净利润的比重，以及政治关联的人数上已产生下降趋势，但公司整体的价值仍在持续大幅上升，近年来屡创佳绩。注册制下多元包容的发行上市条件，契合科技创新企业的特点和融资需求，一批经营管理水平高、创新能力强的优质企业有了上市机会，科技、资本和实体经济的高水平循环通过注册制改革更加畅通。

在国内大循环背景下，如何强化政府补助对技术企业创新的激励作用，是当前格局下亟待解决的焦点问题。与政府的友好关系有助于企业获得更多资源，政府补助就是企业最常获得的政府资源，这笔资金可以帮助企业维持经营和优化业绩，更加积极地投入存在风险和不确定性的创新研发活动。如若企业对政府补助资金正确合理地加以利用，提高资金运用效率，增加创新产出，提高经营效率，强化核心竞争力，则企业价值必然会获得显著提升。但若企业通过政治关联的寻租行为而获得政府补助，不注重自身实力的提升，竞争意识薄弱，一旦不能及时获得足够的政府补助，则会给企业发展带来负面影响，反噬企业自身。注册制的基本内涵是真正把选择权交给市场，最大限度减少不必要的行政干预。企业应当正确处理与政府的关系，否则将对企业的长期可持续发展造成负面影响，不利于资源合理有效地进行配置。证监会及相关政府机构须进一步优化审核的流程、简化审核程序，避免某些企业依靠寻租活动获得IPO上市的机会主义行为，维护资本市场公平竞争的环境并避免造成资源分配失调，遏制资本市场交易风险。当前的逆全球化正倒逼我国更多地依靠内循环，对于科创板IPO的企业，除提供政府补助外，政府还需要出台更多相关政策以激励企业创新行为，同时要加强工作指导，以避免企业无法有效利用政府补助和寻租行为的发生。此外，应持续促进产业结构优化并坚持扩大内需，引导企业积极参与内循环，进而调节企业创新行为，早日攻克技术难关，实现核心关键技术的国产替代。

第五章

券商关联与 IPO 公司机会主义行为研究

　　券商在新股发行与承销业务中的行为是一种企业活动，目标是收益最大化，即承销费用收取最大化。主承销商力图寻找市场中尤其是高科技行业中潜力大、前景好的企业，用职业眼光对企业经营状况进行判断，选择有潜力的公司为业务目标，双方就公司上市融资方案协商一致后，券商开始以上市辅导人身份有计划地进行辅导，一般在一两年后保荐上市。券商等中介机构会在路演过程中充分发挥影响力，极力促成高于企业实际价值的发行定价。然而，为了获取承销业务，少数券商可能在上市申请过程中对企业过度包装。在市场公司发现、上市辅导、保荐行为中，部分券商出现轻率、急躁、冒险现象，甚至出现将牺牲投资者利益作为同行竞争条件的投机心理。同时券商与投资者信息不对称的问题，存在伺机篡夺投资者利益的可能。券商可能出于自利的动机与发行企业进行合谋，从而向投资者提供虚假信息；券商也有可能并非出于主观上提供错误信息的动机，但受限于专业能力等因素，最终向投资者提供了误导性的信息。

第一节　券商关联与 IPO 公司机会主义行为动机分析

一　战术性资金动机

发行人较投资者具有信息优势，发行人完全可以为获取私利而提供虚假信息。投资者有理由担心自己获取的信息是虚假信息，导致不信任发行人。因此，无论发行人是否披露真实信息，都会受到质疑。发行人则可能"随大流"降低披露信息真实性。

为缓解这个问题，市场中必须由公平公正的第三方证实发行者信息的真实性，以提升投资者对发行者的信任度。在这种背景下，券商的产生可以在一定程度上缓解由于信息不对称而产生的问题。券商是资本市场信息桥梁，具有信息优势。其可通过尽职调查，评估发行人信息的真伪。然而，券商收益又与发行价格高度相关。发行价格越高，券商服务费越高。因此，券商可能为获取更高利益而有意使发行价格高于实际价值。此外，券商利益的高低与 IPO 成功与否关系紧密，券商为了自身利益与发行人合谋，并且在企业 IPO 信息披露环节提供有利于企业的虚假消息，弱化了券商的监督功能，成为 IPO 公司机会主义行为的助力者。

二　战略性资金动机

关系链条给予了关系连接双方提供便利和机会主义的空间和机会，主承销商（券商）也利用与关联机构投资者关系实现 IPO 市场的合谋，从而实现各自的联合利益目的。若企业与券商存在关联关系，则可能进行合谋寻租。券商作为企业和外部投资者的信息渠道，能够通过发布分析师报告引导外部投资者对企业价值的判断和交易决策。若券商与企业存在操纵可能，则券商分析师可能出于寻租目的而有策略地进行分析报告的撰写，从而引导市场对企业的买入倾向，企业内部人士则可以通过择机内部交易（如机会主义减持和增持等交易），实现合谋利益的最大化。

从券商视角,我国大部分的投资者都是没有专业技能和知识的短线散户投资者,更倾向于"炒新、炒快、炒小"。资本市场的选择通常不是来源于对企业未来价值走向的正确判断,而是受一些小道消息和跟风行为的影响,这为券商提供了操纵契机。其发行定价未必是以符合上市企业真实价值的定价为目的的,而是以自身收益的定价为目的。同时考虑到未来长远的客户资源和更多的承销机会,券商可能不会尽职地去缓解企业内外部的信息不对称问题,而是充分利用自身的信息优势,确定上市的发行价格,而后利用关联机构投资者操纵首日市场反应,引导市场的炒热倾向,通过联合操纵保证上市首日合谋三方同样能获取更多的利益。相应地,也能为其争取更多的潜在客户、增加市场占有率和促进承销费用额长期收益。

三 战术性控制动机

保荐机构、发审委和中介机构是企业在上市阶段对风险隔离的一道防火墙。其中,保荐机构发挥着向发审委提供材料和对企业进行尽职调查的职能。然而,若企业存在券商关联的背景,则可能通过社会联系和与保荐机构的亲密关系降低保荐机构职能履行的公允性。甚至可能通过与保荐机构合谋进行机会主义操纵,如保荐机构对发行人进行申报时,报送有粗制滥造、隐瞒重大问题,甚至是违规造假的材料。不谨慎地履行保荐机构的保荐职能,可能导致发审委被误导,做出让发行人成功过会的错误决定。

四 战略性控制动机

（一）构建与证券机构的长期合作

社会的关联属性是企业及利益相关者的资源禀赋,有利于建立与企业外部机构间的"强联系"。若企业高管存在券商背景,则可能利用其人力资源和社会关系让企业与证券机构更容易达成合作,特别是建立长期的合作关系。企业进入资本市场的目的在于可以启动再融资缓解企业的资金压力,而涉及资本市场股票或债权交易则必然需要中介机构券商的参与。通过券商关联能够让企业与证券机构保持较为密切的联系,在后续的合作中,方便企业对承销机构进行自主选择。

(二)影响分析师报告倾向,引导市场预期和行为

分析师报告是外部投资者获悉企业信息与企业价值判断的重要依据。分析师分析报告内的倾向会直接影响投资者的交易决策。分析师做出推荐买入的分析意见,可能增加外部投资者投资企业股票的倾向;而分析师做出推荐卖出的分析意见,则可能加剧持有股票投资者卖出的倾向。然而,人的行为决策必然受到社会关系的影响。企业管理层若存在券商关联,则可能通过社会"弱联系"影响分析师报告的公允性,分析师在做出股票价值分析时可能会受到关系影响,造成分析报告结论与其分析判断出现偏差。企业也可能利用关联关系影响分析师分析报告的倾向,最终达到引导外部利益相关者预期和交易行为的目的。

第二节 券商关联与IPO公司机会主义行为表现概述

券商是IPO市场的重要参与者,是连接筹资人(发行人)与投资人(股票市场投资者,包括机构投资者和个体投资者)的桥梁,在投融资双方的信息沟通方面有着不可替代的作用。在新股发行的过程中,券商主要负责证券发行承销工作、对公开发行募集文件进行核查,并出具保荐意见等。公司IPO的成功与否在一定程度上依赖保荐机构的服务,同时保荐机构也希望能在公司成功上市后获得一笔丰厚的承销费。鉴于两者之间共赢的关系,双方都希望公司尽可能以较高的发行价顺利上市,因此在这个过程中券商很可能会在自身利益的诱惑下失去应有的客观公正。多年来,中介机构未能勤勉尽责地履行保荐义务而导致上市公司违规造假的事件有很多。券商在高额的中介费用面前失去了作为中介机构应有的谨慎性,未对IPO企业进行全面调查,未充分了解发行人的经营状况及其面临的风险,未有正确履行鉴证监督的职责,券商的执业质量为IPO企业机会主义行为提供了可乘之机。

一　主动机会主义行为表现

由于制度还存在一定的不完善，券商及发行企业在 IPO 的过程中存在合谋的可能性。券商为了发行收益的最大化，可能纵容 IPO 公司向上操纵盈余，造成 IPO 发行价格向上偏离内在价值。询价的机构投资者出于自利动机也愿意接受这一结果。因为在新股发行后的一段时间内，券商会利用乐观的分析师报告为新股进行托市，以便在股票解禁时保护合谋的机构投资者的利益，因此 IPO 又出现了高溢价发行的现象。通常，越是有声誉的券商，IPO 潜在的客户往往越多，其与机构投资者合谋的能力也越强。

二　被动机会主义行为表现

从资本市场监管机构对券商机会主义行为的影响上看，我国资本市场的发展始终服务于我国经济发展的大局。近年来，我国资本市场经历了股权分置改革，特别是中小板和创业板的开设，使股票市场快速发展。在做大资本市场的目标下，作为资本市场监管者的证监会要选出足够优质的公司进入资本市场，但将有问题的公司挡在资本市场之外并非易事。注册制下，相对偏好甚至依赖中介机构的客户就成为监管机构一个理性的、较为合理的选择。

近年来，很多券商选择粗放扩张，却忽视了对项目质量的把关，对风险控制的重视程度也不足。招股说明书中的盈余信息是 IPO 定价的重要基础，高估盈余有利于募集更多的资金，而募集资金的多寡与券商的回报又直接存在正相关关系，这就可能使法律风险意识淡薄的券商以谋取个人私利为目的，与 IPO 企业一同做出向上操纵 IPO 盈余的违规行为。

三　原环境（核准制下）机会主义行为表现

企业实施 IPO 的过程涉及发审委、证监会、发行公司、保荐机构、承销商、会计师事务所和律师事务所等中介机构，以及投资者。承销商和保荐人作为参与企业 IPO 过程的重要信息中介，可以为 IPO 公司与相关人员牵线，从而达到顺利 IPO 的目的。同时，承销商和 IPO 公司的管理者可能为在 IPO 中获取各自的利益而合谋提高 IPO 的发行价格。

四 新环境（注册制下）机会主义行为表现

IPO定价背后是参与定价的各方，包括IPO公司、承销商（券商）、机构投资者等主体，IPO公司从资本市场上融取资金，每个主体都会尽力追求自身利益最大化。对于IPO公司来说，股票发行上市的主要目的就是通过发行股票从资本市场融得生产经营所需的资金。由于公司发行股份的数量通常是既定的，发行公司存在推高发行价格的动机及获取更多融资的目的。券商帮助IPO公司从资本市场上融取资金。券商主要是通过帮助IPO企业获得保荐费用，承销收费比例是按募集资金实行超额累计递增计收，超募资金的收入更是不菲。券商为IPO公司募集到的资金越多，收入就越高。

IPO公司和保荐人及其他中介机构通过利益合谋，操纵新股发行定价，获得超额收益。保荐人和发行人是新股发行定价的利益相关方，定价的高低直接决定相关方利益的多寡。发行人希望通过高价发行募集更多的资金，提高企业价值；保荐人则能够从中获取高额的承销费。因此，在新股发行过程中，往往通过操纵定价，实现新股高价发行，助推现实中的"三高"现象。

超募给企业募集到所需的资金，也给市场未来的健康发展带来高风险。巨额的超募资金不仅使企业上市前的招股说明书中资金募集计划流于形式，也使监管部门对招股说明书的审查和投资者对其的分析失去意义。同时，部分上市公司用超募资金买房买地，甚至购买理财产品；部分上市公司将大笔超募资金闲置银行，降低企业的资金使用效率；甚至有的上市公司超募资金用途不明，为公司的主营业务经营和投资者的利益保护带来诸多隐患，进而影响市场的长期稳定健康发展。

2019年7月科创板试行注册制规定，定价由市场决定而非监管指定为整齐划一的统一市盈率，此前的"23倍市盈率"被打破。2019年7月发行的科创板公司R公司、T公司发行价对应的市盈率分别超过70倍和50倍，这两家企业的市盈率不仅远远突破此前市场主流的23倍市盈率，除了高股价和高市盈率之外，这两家公司也出现了超募现象，其中，R公司募投项目资金量为4.5亿元，而募资规模则高达

12亿元，超募资金多达7.5亿元，超募比例高达166.67%。虽然"三高"发行是科创板设立初期受到热捧而不可避免的现象，但从以往的经验来看，"三高"发行产生的超募资金攸关投资者的长期利益，有严格的监管措施才能避免被滥用而影响公司发展。

第三节 券商关联与IPO公司机会主义行为实证分析

一 研究现状、理论分析与假设提出

资本市场实践中，由于人们所掌握专业知识的差距，信息不对称的情况客观存在。相较于投资人，发行人是信息优势方，能获取投资者所不能获取的重要信息。此时，券商就成为畅通发行人和投资者间信息渠道的"桥梁"。

券商是国务院证券监督管理机构批准成立的具有独立法人的经营证券业务的金融机构。作为IPO市场不可或缺的参与者，券商对发行人与投资人起到了连接作用，对投融资双方的信息交换与流通至关重要。在新股发行的过程中，券商对核查IPO的相关材料及出具保荐意见等承销工作负有职责。券商通过对IPO公司私有信息的专业化处理，能够更加公正和有效地向投资者传递发行企业相关信息；投资者能够较为全面地获知企业价值信息，提高判断能力，从而缓解证券发行过程中的信息不对称问题。

与此同时，对于保障我国资本市场的健康及稳定运行，券商也发挥着不可小觑的重要作用。首先，券商是资本市场的神经中枢。券商作为上市公司重要的中介服务机构，依托其特有的地位将关乎企业经营业绩、盈利能力及发展前景等的信息传递给投资者，券商的工作效果很大程度上决定了资本市场的筹资效率，离开券商而直接在资本市场筹资是不可想象的。其次，券商具有选择股票发行价格的主动权。证监会颁布的《证券发行与承销管理办法》第13条规定，发行人及其券商应在IPO股票招股意向书发布及刊登发行公告后向潜在投资者

（询价对象）询价，并向机构投资者及个人投资者推介。发行人及其券商应在初步询价中获悉 IPO 的定价区间，并最终在累计投标询价中确定准确的 IPO 定价。最后，券商是企业与资本市场利益相关者信息咨询的纽带。券商依据企业公布的经营业绩情况和自由信息渠道向投资者提供股票交易和股价的分析意见，投资者和利益相关者将券商提供的分析意见作为主要的参考，调整自己对企业股票的预期和判断，最终会做出相应的买入、卖出或者是不交易的决策。可见，券商的重要作用贯穿于企业 IPO 前到企业 IPO 后的整个周期，其影响可见一斑。

然而，社会关系和社会资源禀赋同样可能影响企业和内部利益相关者的决策行为。上市企业高管若存在证券工作背景，那么这种社会关联属性是否会影响企业的治理和发展？这种社会关联是有利于企业成长和发展，在 IPO 阶段实现企业的高速增长；还是管理层机会主义的手段，借由券商关联实现寻机目的呢？

一方面，IPO 企业高管存在券商职业背景，能利用职业和专长效应，降低企业的信息不对称性，起到优化企业治理水平的作用。有券商从业经历的高管拥有技术专长和知识专长（王跃堂、周雪，2006），更加熟知资本市场的情况和制度的不足，因此能够更好地发挥其专业能力和技能，从而帮助提升企业的经营管理及公司治理水平（魏刚等，2007）。作为企业的高层管理者，具有券商背景的上市企业管理者，获取企业内部私有信息的程度更高，相较于外部监管和治理者具有明显的信息优势（胡奕明、唐松莲，2008），且其券商工作履历让其与资本市场监管者具有更强的信息联系，因此，券商背景企业管理者都有利于缓解上市企业与资本市场的信息不对称性，相对较为透明的治理机制，势必能够提升企业的经营水平，抑制企业的内部机会主义行为，从而提升上市企业的财务业绩和市场业绩。

另一方面，具有券商背景的高管，能够通过高管的历史背景和职业类别，与券商及保荐机构建立金融联结和关联，从而方便企业顺利 IPO 上市（陈运森等，2014）；也能放松对上市企业的监管力度，弱化企业的外部监管体系（吕怀立、杨聪慧，2019）及影响分析师对企业股票市场表现的预测,增加分析师的盈余预测,引导资本市场的投资决策等(孔东民等,2019)。在考量利益相关者的行为动机和倾向时,需要将利益相关者的社会关系和亲缘关系考虑在内,由于存在亲疏远近的区别,企业具有与券商联结的高管会为企业带来一些实际的优势。

  管理层具有券商背景(券商关联)的上市企业会加剧企业上市后管理层超额薪酬的获取。第一,从理性经济人的视角来看,管理层必然会平衡成本与收益,做出以实现其利益最大化为目标的行为决策和选择。超额薪酬的获取能确保管理层实现更多的私有收益,若管理层凭借券商背景助力企业顺利 IPO,在企业顺利上市之后,管理层则会倾向通过超额收益赚取利益作为其前期帮助的机会主义补偿。券商关联会加剧管理层超额薪酬。第二,超额薪酬是企业对管理层额外付出的才能与智慧的补偿,是一种资本的溢价补贴(Albuquerque et al., 2013)。从资源优势视角来看,券商关联作为资源禀赋是管理层额外可以给企业带来的资源。管理层若在企业上市阶段利用券商背景助推其顺利上市、降低中介机构监管力度和获取更多券商利好分析评价,管理层的超额薪酬则会作为其额外贡献的机会主义补偿,增加超额薪酬的合理性、降低利益相关者的质疑。因此,券商关联管理层更倾向于获取更多超额薪酬。第三,从机会主义操纵合谋视角来看,具有券商关联的上市企业更有可能与中介机构实现合谋操纵,券商分析师可能因为人情关系在出具分析报告的时候降低其公允性,做出更乐观和积极的分析判断和预测,误导外部利益相关者对企业经营情况的判断和预期,加剧信息不对称,方便管理层进行更多超额收益获取等机会主义的谋利行为。第四,具有银行、券商等职业背景的高管,能够利用原有的社交关系和社会联结属性为企业提供诸多方向的便利,如获取更多贷款融资渠道(邓建平、曾勇,2011;Booth and Deli,1999)。企业利用券商关联缓解融资约束,伴随管理层可支配使用的现金流增加,其自利的可能性和倾向也会增加,最终加剧超额薪酬。由此,本书提出以下假设。

  H5-1:在其他条件一致的情况下,具有券商关联的上市企业在

IPO期间超额薪酬更高。

从管理层才智观视角来看，超额薪酬是企业对管理层额外付出的才能与智慧的补偿，是一种资本的溢价补贴（Albuquerque et al.，2013）。管理层能力越大，超额薪酬则更可能作为管理层能力的补偿。内外利益相关者会依据管理层的能力来判断超额薪酬的合理性。管理层能力越大，利益相关者则更倾向于认为超额薪酬是对于管理层卓越表现的奖励，而不是一种私利获取寻租行为，从而更为认可超额薪酬的合理性。在管理层能力更高的企业，管理层券商背景更可能显著增加企业的超额薪酬。

从管理层心理因素视角来看，管理层的乐观程度，特别是过度的乐观程度，会影响管理层行为决策的激进性。若管理层过度乐观，则其更可能将其个人社会关系资源（券商关联）视作一种特别重要的资源，并可能高估由社会资源所派生出给企业创造的价值和便利，从而会索取相较于乐观程度更低的管理层更多的个人回报，即超额薪酬。在管理层过度乐观企业，管理层券商背景更可能显著增加管理层的超额薪酬。

从管理层权力观点视角来看，管理层的权力直接决定其对于企业决策行为的高度选择和话语权。若管理层权力越高，董事、监事会监督职能效率可能更低，内部治理更有限。管理层也可以对薪酬制度实现控制和操纵。管理层则无须利用券商关联来粉饰超额收益的合理性。在管理层权力较低企业，管理层券商背景更可能显著增加管理层的超额薪酬。

从管理层动机视角来看，超额薪酬是管理层获取私有收益的重要机会主义方式。机会主义行为的本质决定了其是一种短期的寻租利己行为。从长期来看，管理层超额收益的获取可能是以牺牲企业长期发展为代价的。若管理层长期在企业持续任职，则更可能考虑由此带来的风险和成本。一方面，超额收益的赚取一旦被利益相关者识别，则可能导致管理层声誉受损和产生惩罚成本；另一方面，企业长期发展的受损可能威胁到管理层长期收益的获取。在管理层短期任职的企业，管理层券商背景更可能显著增加管理层的超额薪酬。由此，本书提出以下假设。

H5-2：在管理层能力更高的企业，管理层券商背景更可能显著增加企业的超额薪酬。

H5-3：在管理层过度乐观的企业，管理层券商背景更可能显著增加管理层的超额薪酬。

H5-4：在管理层权力较低的企业，管理层券商背景更可能显著增加管理层的超额薪酬。

H5-5：在管理层短期任职的企业，管理层券商背景更可能显著增加管理层的超额薪酬。

从券商关联对超额薪酬的实现路径层面来看，券商关联可能从资源优势、合谋操纵和自由现金流风险三个视角，实现对超额薪酬的影响。

其一，从资源优势视角，券商关联作为管理层所特有的资源禀赋，是管理层的额外付出，且能有利于企业的发展与经营。相较于不存在券商关联的企业，存在券商关联的上市企业通过社会关系的联结可获得诸如助力企业顺利 IPO 上市（陈运森等，2014）、放松外部监管（吕怀立、杨聪慧，2019）和缓解资金压力的便利。外部投资者也会将管理层的券商背景作为企业的资源禀赋，并认可企业就管理层额外付出所给予的超额收益（才智薪酬）。因此，券商关联会吸引更多投资者的有限关注，并最终增加企业的超额薪酬。

其二，从合谋操纵视角，亲疏远近的社会关系为资本市场利益相关者利用合作或合谋方式实现操纵和机会主义行为。存在券商关联的管理层，更可能利用与券商机构或分析师的社会联系，影响分析师对企业股票表现预测的评价，增加分析师的盈余预测或乐观偏差（孔东民等，2019），最终达到引导资本市场投资者的目的。若合谋操纵路径可行，管理层则可通过券商关联社会联系，与分析师合谋有意增加分析师的乐观分析预测，引导外部投资者认为管理层经营尽职、企业发展良好，从而对其高额薪酬的合理性更加认可，最终加剧管理层超额薪酬的获取。

其三，从自由现金流风险视角，一旦管理层拥有的可使用现金流较多，就可能加剧其进行私立获取的动机与倾向。管理层通过券商关联，利用社会联系增加企业债权融资，从而扩大融资渠道。管理层拥有的可使用现金流较多，可能增加其通过超额薪酬等机会主义方式谋利的动机，最终增加其超额薪酬。由此，本书提出以下假设。

H5-6a：在其他条件一致的情况下，具有券商关联的上市企业通过吸引投资者的有限关注最终实现超额薪酬。

H5-6b：在其他条件一致的情况下，具有券商关联的上市企业通过分析师乐观偏差最终实现超额薪酬。

H5-6c：在其他条件一致的情况下，具有券商关联的上市企业通过缓解融资约束最终实现超额薪酬。

二 研究设计

（一）样本选择与数据来源

本章选取 2004—2019 年我国 A 股市场 IPO 公司为研究对象，并剔除金融保险类、资不抵债、上市周期超过 6 年、财务数据缺失的企业，经过筛选最终共获得 8397 家 IPO 公司。样本数据来自国泰安数据库，券商声誉相关数据来自中国证券业协会网站。运用 Excel 和 Stata15 进行数据处理和统计分析，并对所有连续变量在上下 1% 进行缩尾处理以防止极端值对分析结论造成影响。

（二）变量定义

1. 被解释变量

参考罗宏（2014）的做法，以企业高管前三名薪酬总和的自然对数来计算高管绝对薪酬（CEOPAY）。并在此基础上计算超额薪酬（OVERPAY）。具体计算公式如下：

$$CEOPAY_{i,t} = \alpha_0 + \alpha_1 SIZE_{i,t} + \alpha_2 ROA_{i,t} + \alpha_3 IA_{i,t} + \alpha_4 ZONE_{i,t} + \sum INDUSTRY + \sum YEAR + \varepsilon \quad (5-1)$$

式中：IA 为无形资产比；$ZONE$ 为区域虚拟变量，若企业注册地为中西部地区，取值为 1。

2. 解释变量

本章解释变量为 IPO 公司券商背景（BACKGROUND），将 IPO 公司高管是否有证券工作经历作为切入点。该 IPO 公司的全部高管中只要有一人在证券业中有过从业经历,就定义为该 IPO 公司具有券商背景。

3. 中介变量

投资者有限关注（ATTENTION）变量在手工搜集百度搜索年度指数基础上,计算搜索指数加 1 的对数进行衡量。

参照 Jackson（2005）的做法,基于公司真实的盈利水平,将分析师盈利预测与真实的盈利水平进行比较,得出分析师的乐观偏差值（ANALYST）。具体计算公式如下：

$$ANALYST = \frac{F_{i,j,t} - A_{i,t}}{P_i} \tag{5-2}$$

式中：F 为分析师 j 在 t 年对公司 i 的每股收益预测值；A 为公司 i 在 t 年的实际盈利水平；P 为公司 i 在分析师发布盈利预测前一个交易日的收盘股价。

参考 Hadlock 和 Pierce（2010）的做法,计算 SA 指标,并对 SA 指标绝对值取对数衡量企业的融资约束（FC）。具体计算 SA 指标的公法如下：

$$SA = -0.737 \times SIZE + 0.043 \times SIZE^2 - 0.040 \times AGE \tag{5-3}$$

式中：AGE 为上市企业的成立时长。

4. 分组指标

参考 Dermerjian 等（2013）的做法,先计算公司的全效率（分行业）,将固定资产净额、无形资产净额、商誉、研发支出、营业成本、销售与管理费用作为 DEA 分析中的投入变量。产出变量是营业收入,企业效率值是通过数据包络分析而得。然后采用 Tobit 模型将企业效率值分为企业和管理层（回归残差）两个层面的效应。其中,控制了企业规模、市场份额、自由现金流、成立年限、国际化程度和多元化程度。用计算出来的管理层效率作为管理层能力衡量指标（ABILITY）。

本章采用打分法来衡量管理层过度乐观的程度（OPTIMISTIC）。其一,管理层为男性则 OPT1 取值为 1,反之亦然。其二,年龄越大行为决策越审慎,因此计算年龄打分指标 OPT2,具体见式（5-3）。

其三，管理层学历为本科及以上则 $OPT3$ 取值为 1，否则为 0。其四，管理者在公司中为总经理与董事长双重职位则 $OPT4$ 取值为 1，否则为 0。然后在 4 个指标基础上构建管理层过度乐观指标（OPTI-MISTIC），具体见式（5-4）：

$$AGESCORE = \frac{MAXAGE - AGE}{MAXAGE - MINAGE} \quad (5-4)$$

$$OPTIMISTIC = \frac{1}{4} \times (OPT1 + OPT2 + OPT3 + OPT4) \quad (5-5)$$

本章在管理层能力和管理层过度乐观指标计算基础上，分年度行业计算管理层能力和过度乐观的中位数，若企业的管理层能力和管理层乐观值高于中位数，则为管理层能力较高和管理层过度乐观组。

本章参考卢锐（2008）的做法，计算管理层权力指标（POWER）。其一，若管理者在公司中拥有总经理与董事长的双重职位，则 $POWER1$ 取值为 1，反之亦然。其二，若第一大股东持股比例除以第二至第十大股东持股比例之和小于 $POWER2$，则取值为 1，反之亦然。其三，若董事长或总经理在 IPO 之前就任职且上市 4 年后仍在位，则 $POWER3$ 取 1，反之亦然。然后在三个指标基础上构建管理层权力指标 $POWER$。若 3 个指标之和大于或等于 2，则 $POWER$ 取值为 1，否则为 0。

本章计算管理层长期任职企业指标（STABILITY）衡量管理层长期任职的情况。若董事长或总经理在 IPO 之前就任职且 IPO 之后 4 年仍然在位，$STABILITY$ 取值为 1，否则为 0。

5. 控制变量

借鉴罗宏等（2014）的研究并结合本书的研究问题，本章的控制变量选取总资产收益率（ROA）、资产负债率（LEV）、公司规模（SIZE）、公司成长性（GROW）、企业是否亏损（LOSS）、第一大股东持股（TOP1）、股权制衡度（BALANCE）、两职合一（DUAL）、四大会计师事务所（BIG4）和超额换手率（DTURN），本章所涉及的变量类型、名称、符号及定义如表 5-1 所示。

表 5-1　　　　　　　　各变量类型、名称符号及定义

变量类型	变量名称	变量符号	变量定义
被解释变量	超额薪酬	Overpay	具体见式（5-1）
解释变量	IPO公司券商背景	BACKGROUND	IPO公司的高管中至少有一个具有证券业的从业经历则取值为1，否则取值为0
中介变量	投资者有限关注	ATTENTION	Ln（年度百度搜索指数+1）
	分析师乐观偏差	ANALYST	具体见式（5-2）
	融资约束	FC	具体见式（5-3）
分组变量	管理层能力衡量指标	ABILITY	数据包络分析加Tobit回归求残差
	管理层过度乐观的程度	OPTIMISTIC	具体见式（5-5）
	管理层权力	POWER	$POWER1+POWER2+POWER3 \geq 2$，取1
	管理层长期任职企业指标	STABILITY	董事长或总经理在IPO之前就任职且IPO之后4年仍然在位，取值为1
控制变量	总资产收益率	ROA	净利润与资产总额的比值
	资产负债率	LEV	总负债与总资产的比值
	公司规模	SIZE	总资产的对数
	公司成长性	GROW	营业收入增长率
	企业是否亏损	LOSS	如果净利润小于0，则取1
	第一大股东持股	TOP1	第一大股东持股比例
	股权制衡度	BALANCE	第二到第十大股东持股比例/控股股东持股比例
	两权合一	DUAL	管理者在公司中拥有总经理与董事长的双重职位，取值为1
	超额换手率	DTURN	当年季度超额换手率-前一年季度超额换手率

（三）模型设计

为了检验IPO公司具有券商背景对企业超额薪酬的影响，采取模型（5-6）回归检验：

$$OVERPAY_{i,t} = \alpha_0 + \alpha_1 BACKGROUND_{i,t} + \alpha_2 ROA_{i,t} + \alpha_3 LEV_{i,t} + \alpha_4 SIZE_{i,t} + \alpha_5 GROWTH_{i,t} + \alpha_6 LOSS_{i,t} + \alpha_7 TOP1_{i,t} +$$

$$\alpha_8 BALANCE_{i,t} + \alpha_9 DUAL_{i,t} + \alpha_{10} DTURN_{i,t} +$$
$$\sum INDUSTRY + \sum YEAR + \varepsilon \qquad (5-6)$$

为进一步检验券商关联 IPO 企业对企业超额薪酬的影响路径,构建模型 (5-7) 和模型 (5-8) 进行检验:

$$MEDIUM_{i,t} = \alpha_0 + \alpha_1 BACKGROUND_{i,t} + \alpha_2 ROA_{i,t} + \alpha_3 LEV_{i,t} +$$
$$\alpha_4 SIZE_{i,t} + \alpha_5 GROWTH_{i,t} + \alpha_6 LOSS_{i,t} + \alpha_7 TOP1_{i,t} +$$
$$\alpha_8 BALANCE_{i,t} + \alpha_9 DUAL_{i,t} + \alpha_{10} DTURN_{i,t} +$$
$$\sum INDUSTRY + \sum YEAR + \varepsilon \qquad (5-7)$$

$$OVERPAY_{i,t} = \alpha_0 + \alpha_1 BACKGROUND_{i,t} + \alpha_2 MEDIUM_{i,t} + \alpha_3 ROA_{i,t} +$$
$$\alpha_4 LEV_{i,t} + \alpha_5 SIZE_{i,t} + \alpha_6 GROWTH_{i,t} + \alpha_7 LOSS_{i,t} +$$
$$\alpha_8 TOP1_{i,t} + \alpha_9 BALANCE_{i,t} + \alpha_{10} DUAL_{i,t} +$$
$$\alpha_{11} DTURN_{i,t} + \sum INDUSTRY + \sum YEAR + \varepsilon$$
$$(5-8)$$

式中:$MEDIUM$ 分别为投资者有限关注 $ATTENTION$、分析师乐观偏差 $ANALYST$ 和融资约束 FC。

(四) 实证结果分析

1. 描述性统计

表 5-2 为主要变量描述性统计结果。超额薪酬 ($OVERPAY$) 均值为 0.037,标准差为 0.533,说明上市企业普遍存在超额薪酬问题,且因企业不同存在异质性差异。而券商关联变量 ($BACKGROUND$) 均值为 0.298,说明样本企业中,存在券商关联的企业大约占比 30%。投资者有限关注 ($ATTENTION$)、分析师乐观偏差 ($ANALYST$) 和融资约束 (FC) 标准差分别为 0.799、0.259 和 0.061。说明上市企业 IPO 阶段企业投资者关注、分析师预测和融资约束因个体差异存在较大差异。

表 5-2　　　　　　　主要变量描述性统计结果

变量	均值	25 百分位	50 百分位	75 百分位	标准差	最小值	最大值
OVERPAY	0.037	-0.316	0.037	0.382	0.533	-1.238	1.403
BACKGROUND	0.298	0.000	0.000	1.000	0.457	0.000	1.000

续表

变量	均值	25百分位	50百分位	75百分位	标准差	最小值	最大值
ABILITY	2.442	1.000	2.000	3.000	1.096	1.000	4.000
OPTIMISTIC	0.673	0.612	0.652	0.848	0.164	0.190	0.936
POWER	0.298	0.000	0.000	1.000	0.457	0.000	1.000
STABILITY	0.312	0.000	0.000	1.000	0.463	0.000	1.000
ROA	0.058	0.028	0.055	0.086	0.051	-0.125	0.215
SIZE	7.751	7.032	7.585	8.236	1.041	6.052	11.817
LEV	0.345	0.197	0.325	0.475	0.183	0.042	0.806
LOSS	0.050	0.000	0.000	0.000	0.218	0.000	1.000
TOP1	0.366	0.255	0.353	0.464	0.145	0.094	0.749
BALANCE	0.822	0.344	0.652	1.131	0.643	0.009	4.000
DUAL	0.365	0.000	0.000	1.000	0.481	0.000	1.000
DTURN	-0.313	-0.632	-0.171	0.088	0.686	-2.638	1.264
BIG4	0.040	0.000	0.000	0.000	0.196	0.000	1.000
ATTENTION	3.876	3.555	4.205	4.344	0.799	1.099	5.182
ANALYST	0.821	0.730	0.947	1.000	0.259	0.000	1.000
FC	1.306	1.266	1.302	1.343	0.061	1.132	1.485

2. 相关性分析

表5-3是主要变量相关性分析结果。由结果可知，券商关联（*BACKGROUND*）与超额薪酬（*OVERPAY*）显著正相关（在1%的统计水平下显著），初步验证了H5-1，说明券商关联的IPO企业可能会加剧企业的超额薪酬水平。而券商关联（*BACKGROUND*）均在1%显著性水平分别与投资者有限关注（*ATTENTION*）、分析师乐观偏差（*ANALYST*）和融资约束（*FC*）正相关、正相关和负相关，说明券商关联可能通过资源优势、合谋操纵和自由现金流风险路径增加超额薪酬，但具体的验证还有待后续的实证回归结果检验。同时，可知主要变量间不存在严重的多重共线性。

表5-3　　　　　　　　主要变量相关性分析结果

变量	OVERPAY	BACKGROUND	ATTENTION	ANALYST	FC
OVERPAY	1.000				

续表

变量	OVERPAY	BACKGROUND	ATTENTION	ANALYST	FC
BACKGROUND	0.055***	1.000			
ATTENTION	0.078***	0.148***	1.000		
ANALYST	-0.047***	0.031	-0.029***	1.000	
FC	-0.004	-0.093***	-0.287***	0.021*	1.000

注：***代表1%水平下显著；**代表5%水平下显著；*代表10%水平下显著。

3. 回归分析

表5-4是H5-1至H5-3实证回归分析结果。由结果可知，在控制了可能对企业超额薪酬产生影响的变量之后，券商关联（BACKGROUND）和超额薪酬（OVERPAY）在5%显著性水平下正相关，证实企业在IPO阶段存在券商关联，可能会加剧管理层的私利获取，进行更多的超额薪酬获利，验证了H5-1。

表5-4　　　　　　H5-1至H5-3实证回归分析结果

变量	(1) OVERPAY	(2) OVERPAY 管理层能力分组 低	(3) OVERPAY 管理层能力分组 高	(4) OVERPAY 管理层过度乐观 否	(5) OVERPAY 管理层过度乐观 是
BACKGROUND	0.052** (2.210)	0.035 (1.490)	0.099** (2.200)	0.045 (1.115)	0.058*** (3.609)
ROA	0.909*** (3.862)	0.780** (2.802)	1.509*** (6.447)	1.115*** (2.845)	0.609 (1.289)
SIZE	0.056** (2.495)	0.065** (2.551)	0.047** (2.469)	0.057** (2.412)	0.057** (2.163)
LEV	-0.390*** (-3.331)	-0.330*** (-2.909)	-0.471*** (-4.443)	-0.400*** (-3.553)	-0.390*** (-3.041)
LOSS	0.265*** (7.502)	0.246*** (6.739)	0.285*** (5.434)	0.246*** (5.456)	0.273*** (3.337)
TOP1	0.061 (0.616)	0.124 (0.939)	-0.007 (-0.056)	0.067 (0.390)	0.096 (0.804)

续表

变量	(1) OVERPAY	(2) OVERPAY 管理层能力分组 低	(3) OVERPAY 管理层能力分组 高	(4) OVERPAY 管理层过度乐观 否	(5) OVERPAY 管理层过度乐观 是
BALANCE	0.090***	0.102***	0.073	0.076*	0.106**
	(3.466)	(5.387)	(1.326)	(1.966)	(2.289)
DUAL	0.075**	0.063**	0.105*	-0.021	0.119***
	(2.295)	(2.351)	(2.077)	(-0.560)	(2.878)
DTURN	0.004	0.008	-0.018*	0.005	0.006
	(0.695)	(1.044)	(-1.764)	(0.522)	(0.760)
BIG4	0.185***	0.139***	0.296***	0.176***	0.202***
	(5.050)	(3.366)	(2.971)	(3.425)	(4.487)
_cons	-0.228	-0.336*	-0.382**	-0.504**	0.040
	(-1.536)	(-1.734)	(-2.750)	(-2.552)	(0.226)
INDUSTRY	控制	控制	控制	控制	控制
YEAR	控制	控制	控制	控制	控制
p值		0.005		0.285	
N	8397	6234	2163	4113	4284
r2_a	0.058	0.050	0.103	0.060	0.072

注：(1) ***代表1%水平下显著；**代表5%水平下显著；*代表10%水平下显著。
(2) 括号内为 T 值。

将样本企业按照管理层能力进行分组，高于同年度同行业管理层能力中位数的为管理层能力较高组。由分组结果可知，管理层能力较高组券商关联（BACKGROUND）在5%显著性水平下与超额薪酬（OVERPAY）正相关，而在管理层能力较低组中这种正相关关系则不显著，且对分组检验结果进行 BOOTSTRAP 检验证实系数差异是显著的。证实相较于管理层能力较低的企业，管理层能力较高的企业的管理层更能将超额薪酬合理化，作为其较高能力的才智补贴。管理层券商关联更会加剧超额薪酬，证实了 H5-2。

将样本企业按照管理层乐观程度进行分组，高于同年度同行业管理层乐观度中位数的为管理层过度乐观组。由分组结果可知，在管理层过度乐观组券商关联（BACKGROUND）在1%显著性水平下与超额薪酬（OVERPAY）正相关，而在管理层过度乐观程度较低组，则这种正相关关系则不显著，但分组检验结果进行bootstrap检验证实系数差异是不显著的，说明管理层的乐观程度并未对券商关联对超额薪酬的影响造成异质性差异，未能证实H5-3。

表5-5是H5-4和H5-5实证回归分析结果。由结果可知，将样本企业按照管理层权力进行分组。在管理层权力高组、低组，券商关联（BACKGROUND）分别在5%和10%显著性水平下与超额薪酬（OVERPAY）正相关。分组检验结果进行BOOTSTRAP检验证实系数差异是不显著的。说明管理层权力的差异并未对券商关联的超额薪酬的影响造成异质性差异，未能证实H5-4。

表5-5　　　　　　H5-4和H5-5实证回归分析结果

变量	(1) OVERPAY 管理层权力分组 低	(2) OVERPAY 管理层权力分组 高	(3) OVERPAY 管理层长期任职 否	(4) OVERPAY 管理层长期任职 是
BACKGROUND	0.059** (2.393)	0.045* (1.884)	0.068*** (3.386)	0.021 (0.531)
ROA	1.173*** (5.781)	0.149 (0.290)	0.879*** (4.488)	0.799* (2.033)
SIZE	0.051** (2.417)	0.097*** (4.579)	0.067** (2.739)	0.044* (2.044)
LEV	-0.398*** (-3.162)	-0.453*** (-4.924)	-0.421*** (-3.298)	-0.399*** (-3.086)
LOSS	0.272*** (7.985)	0.237** (2.838)	0.229*** (7.698)	0.290*** (5.427)
TOP1	0.064 (0.461)	0.175 (1.003)	-0.014 (-0.102)	0.162 (1.240)
BALANCE	0.077*** (2.895)	0.119** (2.818)	0.075*** (2.985)	0.114** (2.829)

续表

变量	(1) OVERPAY 管理层权力分组 低	(2) OVERPAY 管理层权力分组 高	(3) OVERPAY 管理层长期任职 否	(4) OVERPAY 管理层长期任职 是
DUAL	0.059* (1.892)	0.097* (1.951)	0.068** (2.554)	0.090* (1.855)
DTURN	0.006 (0.824)	0.002 (0.131)	0.006 (1.101)	-0.003 (-0.151)
BIG4	0.167*** (3.688)	0.257** (2.325)	0.139*** (2.922)	0.304*** (6.681)
_cons	-0.218 (-1.349)	-0.352** (-2.451)	-0.270 (-1.515)	-0.167 (-1.160)
INDUSTRY	控制	控制	控制	控制
YEAR	控制	控制	控制	控制
p 值	0.465		0.04	
N	5899	2498	5778	2619
r2_a	0.057	0.087	0.057	0.062

注：(1) ***代表1%水平下显著；**代表5%水平下显著；*代表10%水平下显著。(2) 括号内为 T 值。

将样本企业按照管理层是否长期任职进行分组。由分组结果可知，在管理层非长期任职组，券商关联（BACKGROUND）在1%显著性水平下与超额薪酬（OVERPAY）正相关。而在管理层长期任职组这种正相关关系则不显著，且对分组检验结果进行 bootstrap 检验证实系数差异是显著的，证实相较于管理层长期任职企业的管理层非长期任职企业，管理层更倾向利用券商关联合理化超额薪酬，实现短期超额薪酬的获利，证实了 H5-5。

表 5-6 是 H5-6 实证回归分析结果。由结果可知，在控制了企业特征和财务状况变量后，管理层券商关联（BACKGROUND）在10%显著性水平下与投资者的有限关注（ATTENTION）正相关，

证实管理层券商关联可作为企业独特的资源禀赋，投资者认可这种资源优势能为企业发展带来裨益，因此会增加对此类企业的关注。而加入投资者关注变量后，券商关联与超额薪酬的正相关系数有所下降，说明投资者关注发挥部分中介作用，说明管理层券商关联通过资源优势吸引了更多的投资者关注和对企业发展潜力的认可，从而增加了薪酬合理性，最终有利于管理层实现超额薪酬，证实了H5-6a。而合谋操纵中介路径和自由现金流风险路径的实证回归结果都未能得以验证，并未支持H5-6b和H5-6c。

表5-6　　　　　　　　H5-6实证回归分析结果

变量	(1) ATTENTION	(2) OVERPAY	(3) ANALYST	(4) OVERPAY	(5) FC	(6) OVERPAY
BACKGROUND	0.016* (1.767)	0.051** (2.178)	0.005 (1.256)	0.052** (2.214)	-0.002 (-0.726)	0.053** (2.316)
ATTENTION		0.093*** (3.486)				
ANALYST				-0.018 (-0.819)		
FC						0.398 (1.101)
ROA	0.893*** (8.993)	0.826*** (3.381)	-2.117*** (-49.757)	0.870*** (3.794)	0.081*** (3.226)	0.876*** (3.895)
SIZE	0.117*** (14.840)	0.045* (2.083)	-0.025*** (-7.449)	0.056** (2.473)	0.003 (0.707)	0.055** (2.455)
LEV	0.228*** (6.366)	-0.411*** (-3.384)	-0.137*** (-5.579)	-0.393*** (-3.359)	0.016 (1.579)	-0.397*** (-3.637)
LOSS	0.165*** (4.051)	0.249*** (7.337)	-0.078*** (-7.289)	0.263*** (7.552)	0.001 (0.215)	0.264*** (7.486)
TOP1	-0.461*** (-8.470)	0.104 (1.022)	0.065*** (3.325)	0.062 (0.627)	-0.048** (-2.461)	0.080 (0.879)

续表

变量	(1) ATTENTION	(2) OVERPAY	(3) ANALYST	(4) OVERPAY	(5) FC	(6) OVERPAY
BALANCE	-0.065***	0.096***	0.008*	0.090***	-0.007**	0.093***
	(-8.375)	(3.757)	(1.982)	(3.486)	(-2.814)	(3.512)
DUAL	0.027*	0.072**	0.006**	0.075**	-0.006*	0.077**
	(1.940)	(2.250)	(2.248)	(2.292)	(-2.030)	(2.364)
DTURN	0.040***	0.001	0.013***	0.004	0.004***	0.003
	(6.267)	(0.090)	(2.886)	(0.729)	(6.477)	(0.418)
BIG4	0.033	0.182***	-0.025	0.184***	-0.048***	0.204***
	(0.639)	(4.808)	(-1.256)	(5.020)	(-5.545)	(4.720)
_cons	3.797***	-0.580***	0.981***	-0.210	1.245***	-0.723*
	(64.634)	(-3.243)	(26.295)	(-1.423)	(33.895)	(-1.860)
INDUSTRY	控制	控制	控制	控制	控制	控制
YEAR	控制	控制	控制	控制	控制	控制
N	8397	8397	8397	8397	8397	8397
r2_a	0.770	0.062	0.196	0.058	0.255	0.059

注：(1) ***代表1%水平下显著；**代表5%水平下显著；*代表10%水平下显著。(2) 括号内为T值。

4. 稳健性分析

（1）替换被解释变量。参考罗宏等（2014）的做法，采取薪酬最高的前三位高管、监事和董事薪酬总数的自然对数衡量的绝对薪酬来替代原绝对薪酬指标，并构建新的超额薪酬指标（OVERPAY2）代入实证回归，以便检验回归的稳健性。

表5-7是H5-1至H5-3稳健性回归分析结果。由结果可知，券商关联（BACKGROUND）在5%显著性水平下与超额薪酬（OVERPAY2）正相关，证实券商关联的确有利于管理层实现超额薪酬，再次证实了H5-1。

表 5-7　　　　　　　　H5-1 至 H5-3 稳健性回归分析结果

变量	(1) OVERPAY2	(2) OVERPAY2 管理层能力分组 低	(3) OVERPAY2 管理层能力分组 高	(4) OVERPAY2 管理层过度乐观 否	(5) OVERPAY2 管理层过度乐观 是
BACKGROUND	0.052**	0.027	0.122**	0.046	0.056***
	(2.295)	(1.206)	(2.710)	(1.048)	(3.713)
ROA	0.917***	0.805***	1.527***	1.145***	0.589
	(3.634)	(3.069)	(6.268)	(2.875)	(1.192)
SIZE	0.053**	0.065**	0.038*	0.051**	0.057*
	(2.294)	(2.484)	(1.958)	(2.182)	(1.955)
LEV	−0.368***	−0.319**	−0.415***	−0.368***	−0.375**
	(−3.224)	(−2.842)	(−4.022)	(−3.655)	(−2.723)
LOSS	0.270***	0.254***	0.287***	0.245***	0.283***
	(8.925)	(7.881)	(6.073)	(5.394)	(3.790)
TOP1	0.021	0.071	−0.001	0.032	0.056
	(0.166)	(0.433)	(−0.005)	(0.151)	(0.450)
BALANCE	0.087***	0.095***	0.081	0.076*	0.102**
	(3.246)	(4.520)	(1.292)	(1.795)	(2.355)
DUAL	−0.014	−0.027	0.020	−0.111**	0.020
	(−0.419)	(−0.950)	(0.393)	(−2.773)	(0.474)
DTURN	0.006	0.007	−0.012	0.006	0.008
	(0.936)	(0.967)	(−1.199)	(0.590)	(0.922)
BIG4	0.168***	0.121***	0.287***	0.153**	0.202***
	(4.251)	(2.992)	(3.082)	(2.619)	(3.469)
_cons	−0.176	−0.290	−0.341**	−0.477**	0.119
	(−1.068)	(−1.370)	(−2.185)	(−2.129)	(0.627)
INDUSTRY	控制	控制	控制	控制	控制
YEAR	控制	控制	控制	控制	控制
p 值		0.005		0.325	
N	8397	6234	2163	4113	4284
r2_a	0.055	0.050	0.095	0.064	0.066

注：(1) ***代表1%水平下显著；**代表5%水平下显著；*代表10%水平下显著。
(2) 括号内为 T 值。

在管理层能力分组检验下,在管理层能力较高组,管理层券商关联(BACKGROUND)与超额薪酬(OVERPAY2)在5%显著性水平下正相关,且bootstrap检验证实了分组检验系数的显著差异,说明管理层能力差异会导致券商关联对超额薪酬的异质性影响。再次验证了H5-2。

在管理层乐观程度分组检验下,管理层过度乐观组,管理层券商关联(BACKGROUND)与超额薪酬(OVERPAY2)在1%显著性水平下正相关,且bootstrap检验未能证实分组检验系数的显著差异,说明管理层乐观程度并不会导致券商关联对超额薪酬产生异质性影响,未能验证H5-3。

表5-8是H5-4和H5-5稳健性回归分析结果。由结果可知,在管理层权力程度分组检验下,管理层权力高组和低组、管理层券商关联(BACKGROUND)均与超额薪酬(OVERPAY2)在5%显著性水平下正相关,且bootstrap检验未能证实分组检验系数的显著差异。说明管理层权力的不同并不会导致券商关联对超额薪酬产生异质性影响,未能验证H5-4。

表5-8　　H5-4和H5-5稳健性回归分析结果

变量	(1) OVERPAY2	(2) OVERPAY2	(3) OVERPAY2	(4) OVERPAY2
	管理层权力分组	管理层权力分组	管理层长期任职	管理层长期任职
	低	高	否	是
BACKGROUND	0.062**	0.042**	0.071***	0.016
	(2.293)	(2.314)	(3.539)	(0.432)
ROA	1.193***	0.153	0.897***	0.825*
	(6.005)	(0.300)	(4.501)	(1.980)
SIZE	0.047**	0.096***	0.066**	0.036
	(2.219)	(4.185)	(2.545)	(1.634)
LEV	-0.375***	-0.426***	-0.410***	-0.346**
	(-3.006)	(-4.852)	(-3.168)	(-2.651)

续表

变量	(1) OVERPAY2 管理层权力分组 低	(2) OVERPAY2 管理层权力分组 高	(3) OVERPAY2 管理层长期任职 否	(4) OVERPAY2 管理层长期任职 是
LOSS	0.282*** (9.704)	0.233*** (2.961)	0.239*** (9.720)	0.290*** (5.563)
TOP1	0.000 (0.002)	0.224 (1.373)	-0.054 (-0.317)	0.141 (1.147)
BALANCE	0.067** (2.340)	0.131*** (3.113)	0.070** (2.536)	0.116*** (3.056)
DUAL	-0.029 (-0.942)	0.008 (0.154)	-0.021 (-0.809)	0.003 (0.059)
DTURN	0.006 (0.779)	0.008 (0.620)	0.006 (1.252)	-0.001 (-0.031)
BIG4	0.152*** (3.182)	0.250** (2.357)	0.118** (2.259)	0.301*** (6.022)
_cons	-0.145 (-0.822)	-0.392** (-2.769)	-0.235 (-1.195)	-0.064 (-0.426)
INDUSTRY	控制	控制	控制	控制
YEAR	控制	控制	控制	控制
p 值	0.485		0.02	
N	5899	2498	5778	2619
r2_a	0.057	0.087	0.056	0.057

注：(1) ***代表1%水平下显著；**代表5%水平下显著；*代表10%水平下显著。(2) 括号内为 T 值。

在管理层任职长短分组检验下，在管理层短期任职组，管理层券商关联（BACKGROUND）与超额薪酬（OVERPAY2）在1%显著性水平下正相关，且 bootstrap 检验证实了分组检验系数的显著差异。说明管理层任职长短差异会导致券商关联对超额薪酬的异质性影响。再次验证了 H5-5。

表5-9是H5-6的稳健性回归分析结果。由结果可知，管理层券商关联（*BACKGROUND*）在10%显著性水平下增加投资者的有限关注，说明券商关联作为一种资源优势能够吸引更多投资者关注。加入投资者关注变量后，券商关联对超额薪酬的正相关系数有所下降，说明投资者有限关注的部分中介作用，说明券商关联通过资源优势吸引了更多投资者的关注，投资者关注增加说明投资者对企业未来成长性和前景的有利判断，管理层更能够为其超额薪酬找到合理的说法，从而增加超额薪酬，验证了H5-6a。稳健性估计结果与主回归基本一致，验证回归稳健性。

表5-9　　　　　　　H5-6的稳健性回归分析结果

变量	(1) ATTENTION	(2) OVERPAY2	(3) ANALYST	(4) OVERPAY2	(5) FC	(6) OVERPAY2
BACKGROUND	0.016* (1.767)	0.051** (2.269)	0.005 (1.256)	0.052** (2.292)	−0.002 (−0.726)	0.053** (2.414)
ATTENTION		0.092*** (3.164)				
ANALYST				−0.006 (−0.230)		
FC						0.477 (1.352)
ROA	0.893*** (8.993)	0.835*** (3.178)	−2.117*** (−49.757)	0.904*** (3.716)	0.081*** (3.226)	0.878*** (3.704)
SIZE	0.117*** (14.840)	0.043* (1.900)	−0.025*** (−7.449)	0.053** (2.277)	0.003 (0.707)	0.052** (2.272)
LEV	0.228*** (6.366)	−0.389*** (−3.277)	−0.137*** (−5.579)	−0.369*** (−3.249)	0.016 (1.579)	−0.375*** (−3.551)
LOSS	0.165*** (4.051)	0.255*** (8.740)	−0.078*** (−7.289)	0.269*** (9.155)	0.001 (0.215)	0.269*** (8.943)

续表

变量	(1) ATTENTION	(2) OVERPAY2	(3) ANALYST	(4) OVERPAY2	(5) FC	(6) OVERPAY2
TOP1	-0.461***	0.064	0.065***	0.022	-0.048**	0.044
	(-8.470)	(0.478)	(3.325)	(0.169)	(-2.461)	(0.386)
BALANCE	-0.065***	0.093***	0.008*	0.087***	-0.007**	0.090***
	(-8.375)	(3.478)	(1.982)	(3.261)	(-2.814)	(3.414)
DUAL	0.027*	-0.016	0.006**	-0.014	-0.006*	-0.011
	(1.940)	(-0.499)	(2.248)	(-0.417)	(-2.030)	(-0.340)
DTURN	0.040***	0.002	0.013***	0.006	0.004***	0.004
	(6.267)	(0.344)	(2.886)	(0.943)	(6.477)	(0.594)
BIG4	0.033	0.165***	-0.025	0.168***	-0.048***	0.191***
	(0.639)	(4.102)	(-1.256)	(4.247)	(-5.545)	(4.467)
_cons	3.797***	-0.527**	0.981***	-0.170	1.245***	-0.769**
	(64.634)	(-2.545)	(26.295)	(-1.014)	(33.895)	(-2.149)
INDUSTRY	控制	控制	控制	控制	控制	控制
YEAR	控制	控制	控制	控制	控制	控制
N	8397	8397	8397	8397	8397	8397
r2_a	0.770	0.059	0.196	0.054	0.255	0.057

注：(1) ***代表1%水平下显著；**代表5%水平下显著；*代表10%水平下显著。(2) 括号内为T值。

(2) 删除2008年上市企业样本。考虑到2008年为全球经济大萧条期，受宏观因素的影响，这个时期上市企业可能存在一定的特殊状况。为规避特殊时期的影响，在删除了2008年上市企业样本后，重新进行回归，以便检验主回归稳健性。

表5-10是H5-1至H5-3稳健性回归结果。由结果可知，管理层券商关联（BACKGROUND）与超额薪酬（OVERPAY）显著正相关（在5%水平下显著），证实了H5-1，管理层券商关联有利于其获取更多的超额薪酬。

表 5-10　H5-1 至 H5-3 稳健性回归分析结果

变量	（1）OVERPAY	（2）OVERPAY 管理层能力分组 低	（3）OVERPAY 管理层能力分组 高	（4）OVERPAY 管理层过度乐观 否	（5）OVERPAY 管理层过度乐观 高
BACKGROUND	0.051**	0.034	0.095*	0.043	0.057***
	(2.142)	(1.475)	(2.036)	(1.003)	(3.298)
ROA	0.724***	0.674**	1.178***	0.959**	0.426
	(3.135)	(2.412)	(4.024)	(2.161)	(0.851)
SIZE	0.061**	0.067**	0.058***	0.062**	0.061**
	(2.592)	(2.475)	(3.075)	(2.462)	(2.287)
LEV	-0.393***	-0.328**	-0.496***	-0.404***	-0.382***
	(-3.295)	(-2.790)	(-4.638)	(-3.490)	(-2.879)
LOSS	0.258***	0.254***	0.244***	0.250***	0.258***
	(7.601)	(6.966)	(4.995)	(5.252)	(2.951)
TOP1	0.100	0.183	-0.018	0.121	0.122
	(1.103)	(1.405)	(-0.147)	(0.772)	(1.021)
BALANCE	0.094***	0.111***	0.064	0.079*	0.111**
	(3.828)	(6.292)	(1.231)	(2.071)	(2.566)
DUAL	0.076**	0.067**	0.099**	-0.016	0.120***
	(2.434)	(2.416)	(2.291)	(-0.382)	(3.300)
DTURN	0.004	0.010	-0.021*	0.006	0.004
	(0.556)	(1.276)	(-1.915)	(0.531)	(0.556)
BIG4	0.172***	0.141***	0.245**	0.167***	0.175***
	(5.308)	(3.223)	(2.470)	(3.268)	(3.931)
_cons	-0.288*	-0.427**	-0.338**	-0.571**	-0.015
	(-1.917)	(-2.136)	(-2.411)	(-2.844)	(-0.083)
INDUSTRY	控制	控制	控制	控制	控制
YEAR	控制	控制	控制	控制	控制
p 值		0.04		0.24	
N	8032	5940	2092	3932	4100
r2_a	0.054	0.049	0.089	0.057	0.068

注：（1）***代表1%水平下显著；**代表5%水平下显著；*代表10%水平下显著。
（2）括号内为 T 值。

在管理层能力分组检验中,券商关联(BACKGROUND)仅在管理层能力较高组与超额薪酬在10%水平下正相关,且组间系数通过了bootstrap差异检验,证实了H5-2,在管理层能力较高组,券商关联会显著增加企业超额薪酬。

在管理层乐观分组检验中,券商关联(BACKGROUND)虽仅在管理层能力较高组与超额薪酬在1%水平下正相关,但组间系数未能通过bootstrap差异检验,未证实H5-3,管理层乐观程度差异并不会导致券商关联对企业超额薪酬影响存在异质差异。

表5-11是H5-4和H5-5稳健性回归分析结果,由结果可知,在管理层权力分组检验中,券商关联(BACKGROUND)在管理层权力高组和低组均与超额薪酬显著正相关,且组间系数未能通过bootstrap差异检验,未证实H5-4,管理层权力差异并不会导致券商关联对企业超额薪酬影响存在异质性差异。

表5-11　　　　H5-4 和 H5-5 稳健回归分析结果

变量	(1) OVERPAY 管理层权力分组 低	(2) OVERPAY 管理层权力分组 高	(3) OVERPAY 管理层长期任职 低	(4) OVERPAY 管理层长期任职 高
BACKGROUND	0.054* (1.933)	0.060*** (3.111)	0.061** (2.696)	0.033 (0.996)
ROA	0.999*** (4.209)	-0.029 (-0.058)	0.668*** (3.097)	0.660* (1.750)
SIZE	0.054** (2.476)	0.101*** (4.478)	0.072*** (2.882)	0.048* (2.026)
LEV	-0.397*** (-3.053)	-0.456*** (-4.976)	-0.424*** (-3.331)	-0.398*** (-2.981)
LOSS	0.260*** (7.606)	0.244** (2.774)	0.205*** (6.917)	0.310*** (5.237)
TOP1	0.101 (0.749)	0.179 (0.988)	0.029 (0.220)	0.186 (1.436)

续表

变量	(1) OVERPAY	(2) OVERPAY	(3) OVERPAY	(4) OVERPAY
	管理层权力分组		管理层长期任职	
	低	高	低	高
BALANCE	0.081***	0.121***	0.080***	0.113***
	(3.126)	(3.086)	(3.267)	(3.092)
DUAL	0.061*	0.104**	0.070**	0.087*
	(1.932)	(2.290)	(2.792)	(1.836)
DTURN	0.007	-0.001	0.007	-0.006
	(0.977)	(-0.070)	(1.261)	(-0.284)
BIG4	0.159***	0.250**	0.124**	0.302***
	(3.920)	(2.465)	(2.840)	(6.846)
_cons	-0.282	-0.370**	-0.330*	-0.228
	(-1.689)	(-2.716)	(-1.821)	(-1.523)
INDUSTRY	控制	控制	控制	控制
YEAR	控制	控制	控制	控制
P值	0.255		0.19	
N	5624	2408	5534	2498
r2_a	0.053	0.086	0.053	0.059

注:(1) ***代表1%水平下显著;**代表5%水平下显著;*代表10%水平下显著。(2) 括号内为T值。

在管理层长期任职较长短分组检验中,券商关联(BACKGROUND)仅在管理层任职较短组与超额薪酬在5%水平下正相关,且组间系数通过了bootstrap差异检验,证实了H5-5,在管理层任职较短组,券商关联会显著增加企业超额薪酬。

表5-12是H5-6稳健性回归分析结果。结果显示,管理层超额薪酬在5%显著性水平下与投资者有限关注正相关,而加入投资者有限关注后,券商关联与超额薪酬正相关系数有所下降,说明投资者有限关注发挥部分中介作用,券商关联通过资源优势吸引更多投资者关注,增加投资者对其前景的积极判断,管理层可通过资源优势实现薪

酬合理化,最终实现超额薪酬,验证了 H5-6a。删除了 2008 年上市企业的稳健性估计结果和主回归基本一致,再次验证了回归的稳健性。

表 5-12　　　　　　　　H5-6 稳健性回归分析结果

变量	(1) ATTENTION	(2) OVERPAY	(3) ANALYST	(4) OVERPAY	(5) FC	(6) OVERPAY
BACKGROUND	0.019** (2.108)	0.050** (2.095)	0.006 (1.507)	0.051** (2.157)	-0.002 (-0.936)	0.052** (2.252)
ATTENTION		0.089*** (3.247)				
ANALYST				-0.032 (-1.675)		
FC						0.340 (1.018)
ROA	0.862*** (8.247)	0.648** (2.728)	-2.161*** (-56.882)	0.656*** (3.017)	0.077*** (3.224)	0.698*** (3.086)
SIZE	0.120*** (15.310)	0.050** (2.237)	-0.025*** (-8.439)	0.060** (2.552)	0.004 (0.926)	0.060** (2.509)
LEV	0.236*** (6.270)	-0.414*** (-3.340)	-0.137*** (-5.420)	-0.397*** (-3.348)	0.012 (1.150)	-0.397*** (-3.501)
LOSS	0.169*** (3.915)	0.243*** (7.347)	-0.083*** (-7.793)	0.255*** (7.605)	-0.000 (-0.034)	0.258*** (7.567)
TOP1	-0.474*** (-8.373)	0.142 (1.512)	0.062*** (2.953)	0.102 (1.123)	-0.050** (-2.544)	0.117 (1.396)
BALANCE	-0.068*** (-8.482)	0.100*** (4.139)	0.006 (1.474)	0.094*** (3.850)	-0.008*** (-2.740)	0.096*** (3.873)
DUAL	0.025* (1.830)	0.073** (2.376)	0.006** (2.543)	0.076** (2.435)	-0.005* (-1.953)	0.077** (2.493)
DTURN	0.038*** (5.693)	0.000 (0.032)	0.012*** (3.127)	0.004 (0.613)	0.004*** (6.294)	0.002 (0.343)
BIG4	0.026 (0.489)	0.170*** (5.224)	-0.028 (-1.578)	0.171*** (5.253)	-0.041*** (-5.734)	0.186*** (5.470)
_cons	3.786*** (64.944)	-0.624*** (-3.276)	0.992*** (28.433)	-0.257 (-1.724)	1.240*** (34.822)	-0.709** (-2.129)
INDUSTRY	控制	控制	控制	控制	控制	控制

续表

变量	(1) ATTENTION	(2) OVERPAY	(3) ANALYST	(4) OVERPAY	(5) FC	(6) OVERPAY
YEAR	控制	控制	控制	控制	控制	控制
N	8032	8032	8032	8032	8032	8032
r2_a	0.766	0.058	0.201	0.054	0.247	0.055

注：(1) ***代表1%水平下显著；**代表5%水平下显著；*代表10%水平下显著。
(2) 括号内为 T 值。

（3）Heckman 二阶段稳健性检验。为了缓解 IPO 企业的高管券商关联是受企业经营状况和财务业绩状况影响的企业主观选择，导致回归结果可能存在自我选择偏误。本章采取了 Heckman 二阶段以便缓解结果的自我选择偏差，并检验主回归的稳健性。

在控制了原控制变量的基础上，加入同年度行业排除企业自身外券商关联均值（IV_B）作为排他性约束变量构建 Probit 模型，计算逆米尔斯指数（IMR）。然后，将逆米尔斯指数代入原回归以控制自我选择偏误风险。

表 5-13 是 H5-1 至 H5-3 稳健性回归结果。结果可知，同年度行业排除企业自身以外券商关联均值（IV_B）在 1%显著性水平下与企业券商关联（BACKGROUND）正相关，说明同年份同行业企业的券商关联水平会增加企业的券商关联程度。而将逆米尔斯指数加入原回归后，券商关联在 5%显著性水平下与超额薪酬（OVERPAY）正相关，再次验证了 H5-1。

表 5-13   H5-1 至 H5-3 稳健性回归结果

变量	(1) BACKGROUND	(2) OVERPAY	(3) OVERPAY 管理层能力分组 低	(4) OVERPAY 高	(5) OVERPAY 管理层过度乐观 否	(6) OVERPAY 是
IV_B	1.999*** (10.575)					

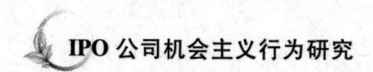

续表

变量	(1) BACKGROUND	(2) OVERPAY	(3) OVERPAY 管理层能力分组 低	(4) OVERPAY 管理层能力分组 高	(5) OVERPAY 管理层过度乐观 否	(6) OVERPAY 管理层过度乐观 是
IV_B		0.055**	0.038	0.102**	0.053	0.054***
		(2.401)	(1.610)	(2.313)	(1.407)	(3.196)
ROA	-0.438	1.058***	0.934***	1.679***	1.226***	0.767
	(-0.830)	(4.107)	(3.181)	(5.930)	(3.561)	(1.625)
SIZE	0.051***	0.060**	0.068**	0.058**	0.064**	0.057**
	(2.648)	(2.562)	(2.616)	(2.544)	(2.500)	(2.142)
LEV	-0.062	-0.420***	-0.363***	-0.500***	-0.424***	-0.417***
	(-0.415)	(-3.742)	(-3.282)	(-4.890)	(-3.413)	(-3.856)
LOSS	0.159**	0.233***	0.219***	0.240***	0.217***	0.229***
	(2.000)	(5.843)	(5.490)	(3.822)	(6.570)	(3.108)
TOP1	-0.439	0.031	0.091	-0.081	0.022	0.100
	(-1.416)	(0.312)	(0.723)	(-0.571)	(0.142)	(0.773)
BALANCE	0.017	0.092***	0.102***	0.072	0.081*	0.109**
	(0.532)	(3.436)	(4.866)	(1.391)	(1.869)	(2.319)
DUAL	0.035	0.079**	0.068**	0.107*	-0.019	0.117**
	(0.984)	(2.263)	(2.352)	(1.923)	(-0.559)	(2.733)
DTURN	-0.010	0.009	0.009	-0.010	0.003	0.015
	(-0.615)	(1.141)	(1.105)	(-1.001)	(0.229)	(1.683)
BIG4	0.110	0.148***	0.112**	0.237**	0.133**	0.170***
	(0.693)	(3.665)	(2.533)	(2.403)	(2.179)	(3.474)
IMR		0.007	-0.017	0.181	0.064	-0.068
		(0.116)	(-0.309)	(1.572)	(0.994)	(-0.761)
_cons	-6.947***	-0.312	-0.220	-0.715**	-0.977*	0.449
	(-17.682)	(-0.674)	(-0.472)	(-2.789)	(-1.920)	(0.622)
INDUSTRY	控制	控制	控制	控制	控制	控制
YEAR	控制	控制	控制	控制	控制	控制
P值			0.040		0.392	

续表

变量	(1) BACKGROUND	(2) OVERPAY	(3) OVERPAY 管理层能力分组 低	(4) OVERPAY 管理层能力分组 高	(5) OVERPAY 管理层过度乐观 否	(6) OVERPAY 管理层过度乐观 是
N	7951	7951	5970	1981	3901	4050
r2_a		0.059	0.050	0.109	0.061	0.073

注：(1) ***代表1%水平下显著；**代表5%水平下显著；*代表10%水平下显著。
(2) 括号内为 T 值。

由管理层能力分组结果可知，券商关联仅在管理层能力较高组与超额薪酬显著正相关，且组间系数均通过了 bootstrap 检验，再次验证了 H5-2。

由管理层乐观程度分组结果可知，虽然券商关联仅在管理层过度乐观组与超额薪酬显著正相关，但组间系数并未通过 bootstrap 检验，未能验证 H5-3。

表 5-14 是 H5-4 和 H5-5 稳健性回归结果。由管理层权力分组结果可知，虽然券商关联仅在管理层权力低组与超额薪酬显著正相关，但组间系数并未通过 bootstrap 检验，未能验证 H5-4。

表 5-14　　　　H5-4 和 H5-5 稳健性回归结果

变量	(1) OVERPAY 管理层权力分组 低	(2) OVERPAY 管理层权力分组 高	(3) OVERPAY 管理层长期任职 否	(4) OVERPAY 管理层长期任职 是
BACKGROUND	0.062** (2.767)	0.044 (1.553)	0.069*** (3.589)	0.023 (0.568)
ROA	1.299*** (5.795)	0.364 (0.722)	1.030*** (4.560)	0.956** (2.331)
SIZE	0.057** (2.486)	0.096*** (4.213)	0.069*** (2.654)	0.056** (2.444)

续表

变量	(1) OVERPAY 管理层权力分组 低	(2) OVERPAY 管理层权力分组 高	(3) OVERPAY 管理层长期任职 否	(4) OVERPAY 管理层长期任职 是
LEV	-0.427***	-0.484***	-0.441***	-0.454***
	(-3.748)	(-4.924)	(-3.801)	(-3.154)
LOSS	0.258***	0.168*	0.205***	0.250***
	(8.287)	(1.863)	(5.831)	(4.453)
TOP1	0.032	0.147	-0.020	0.073
	(0.231)	(0.955)	(-0.145)	(0.484)
BALANCE	0.081**	0.115**	0.083***	0.098**
	(2.776)	(2.823)	(3.019)	(2.550)
DUAL	0.060	0.108*	0.070**	0.098*
	(1.694)	(2.020)	(2.311)	(2.028)
DTURN	0.009	0.013	0.013	-0.010
	(0.934)	(0.974)	(1.582)	(-0.442)
BIG4	0.123**	0.247**	0.084	0.304***
	(2.328)	(2.843)	(1.447)	(6.877)
IMR	0.010	-0.043	-0.023	0.070
	(0.156)	(-0.327)	(-0.327)	(0.933)
_cons	-0.352	0.025	-0.157	-0.672
	(-0.704)	(0.025)	(-0.288)	(-1.146)
INDUSTRY	控制	控制	控制	控制
YEAR	控制	控制	控制	控制
p 值	0.34		0.065	
N	5643	2308	5498	2453
r2_a	0.057	0.087	0.058	0.064

注：(1) ***代表1%水平下显著；**代表5%水平下显著；*代表10%水平下显著。
(2) 括号内为 T 值。

由管理层任职长短分组结果可知，券商关联仅在管理层任职较短组与超额薪酬显著正相关，且组间系数均通过了 bootstrap 检验，再次验证了 H5-5。

表 5-15 是 H5-6 稳健性回归结果。由结果可知，券商关联在 5%

显著性水平下与投资者的有限关注正相关。而加入投资者有限关注变量后，券商关联与超额薪酬的正相关系数有所下降，说明投资者有限关注发挥了中介作用，验证了 H5-6a。该回归结果与前文的主回归结果高度一致，证明了主回归结果的稳健性。

表 5-15　　　　　　　　H5-6 稳健性回归结果

变量	(1) ATTENTION	(2) OVERPAY	(3) ANALYST	(4) OVERPAY	(5) FC	(6) OVERPAY
BACKGROUND	0.022** (2.472)	0.053** (2.382)	0.004 (0.971)	0.054** (2.246)	-0.002 (-0.909)	0.055** (2.534)
ATTENTION		0.090*** (3.674)				
ANALYST				-0.003 (-0.114)		
FC						0.391 (1.081)
ROA	0.814*** (8.533)	0.984*** (3.774)	-2.050*** (-29.817)	1.074*** (4.303)	0.070** (2.526)	1.030*** (4.204)
SIZE	0.111*** (14.913)	0.050** (2.176)	-0.022*** (-7.324)	0.057** (2.409)	0.005 (1.074)	0.059** (2.427)
LEV	0.212*** (5.449)	-0.439*** (-3.767)	-0.127*** (-6.042)	-0.398*** (-3.262)	0.017 (1.651)	-0.427*** (-4.102)
LOSS	0.140*** (7.294)	0.220*** (5.567)	-0.068*** (-6.170)	0.244*** (6.055)	-0.001 (-0.219)	0.233*** (5.743)
TOP1	-0.458*** (-11.433)	0.072 (0.724)	0.061** (2.698)	0.043 (0.414)	-0.048** (-2.680)	0.050 (0.534)
BALANCE	-0.066*** (-9.319)	0.098*** (3.730)	0.008** (2.236)	0.091*** (3.209)	-0.007** (-2.718)	0.095*** (3.460)
DUAL	0.019 (1.524)	0.077** (2.264)	0.006* (1.927)	0.077** (2.244)	-0.005 (-1.475)	0.081** (2.325)
DTURN	0.054*** (6.955)	0.004 (0.543)	0.009* (1.992)	0.009 (1.136)	0.003*** (7.592)	0.008 (0.929)
BIG4	0.014 (0.339)	0.147*** (3.567)	-0.020 (-1.049)	0.150*** (3.791)	-0.055*** (-5.616)	0.170*** (3.530)

续表

变量	(1) ATTENTION	(2) OVERPAY	(3) ANALYST	(4) OVERPAY	(5) FC	(6) OVERPAY
IMR	0.012 (0.258)	0.006 (0.097)	0.005 (0.219)	0.007 (0.120)	-0.008** (-2.198)	0.010 (0.168)
_cons	3.736*** (11.049)	-0.648 (-1.339)	0.912*** (5.759)	-0.283 (-0.596)	1.288*** (26.011)	-0.815 (-1.352)
INDUSTRY	控制	控制	控制	控制	控制	控制
YEAR	控制	控制	控制	控制	控制	控制
N	7951	7951	7485	7485	7951	7951
r2_a	0.804	0.062	0.191	0.055	0.242	0.060

注：(1) ***代表1%水平下显著；**代表5%水平下显著；*代表10%水平下显著。
(2) 括号内为 T 值。

5. 实证分析小结

实证研究结果表明IPO公司的券商关联作为上市企业独有的资源禀赋，并不总是发挥有利于企业稳健经营和长效发展的有益作用。上市企业通过管理层券商工作经历，建立与证券中介机构和金融机构的券商社会关联，也可能成为管理层寻租获利、增加自身超额收益的手段。实证结果说明，IPO公司存在券商关联在IPO阶段可能会导致一定程度的企业超额薪酬情况。这种情况是通过企业资源优势路径实现的。

IPO是一个资源整合的过程，发行人、投资者、中介机构都有各自的利益诉求，这也是机会主义行为的根源。在核准制下，IPO资源稀缺，上市门槛较高，拟上市公司为了顺利IPO获得资金等动机进行操纵信息、违规造假、利益输送等机会主义行为，券商作为承销商、保荐机构本应发挥监督和信息传递的功能，在自身约束力较差的情况下基于私利动机可能会为IPO公司机会主义行为提供帮助。我国证券市场向着更加市场化的方向发展，投资者更加依赖IPO公司对外披露的信息。券商作为注册制下实质性审查把关者中的重要成员，其执业能力和执业质量不容忽视，这也是抑制IPO公司进行机会主义行为的关键之处。

第四节　券商关联与 IPO 公司
机会主义行为案例分析

前文的实证分析旨在厘清企业是否能够通过券商关联,建立与证券中介机构的社会资源关联,达到引导保荐机构、承销机构和证券公司的预期和行为,甚至达到进行寻租操纵,与证券中介机构实现合谋性机会主义的行为。然而事物具有两面性,资本市场中存在券商关联的企业不胜枚举,券商关联对企业的经营发展亦可能带来正向的影响,因董监高的券商工作经历有利于企业深入解读 IPO 相关政策,熟悉承销保荐机制流程,提高资源配置效率。而企业核心竞争优势的获得主要依赖源源不断的突破创新、良好的公司治理理念、健全的组织机构、可持续发展的经营战略方针,以及规范全面的信息披露等。

一　J 公司案例分析

（一）J 公司简介

J 公司是一家全球知名的太阳能科技企业。于 2022 年在上海证券交易所科创板上市。J 公司在全球主流光伏市场中处于行业领先地位。2022 年,J 公司入选世界经济论坛最新发布的《促进"一带一路"倡议绿色发展:发挥金融和技术的作用,推动低碳基础设施建设》案例报告。该报告通过案例研究强调了金融业参与者、金融工具、低碳技术,以及有利的地方政策可以并且需要共同努力来推动"一带一路"倡议的绿色发展。世界经济论坛发布的 6 个案例中,J 公司位列榜首。J 公司的产品目前服务于全球 160 余个国家和地区的 3000 余家客户,多年位列全球组件出货量冠军。截至 2022 年 12 月,J 公司组件出货量累计超过 130GW。公司是 B20 等多个国际框架下的行业意见领袖,在国内外都拥有多个全球化生产基地。J 公司现有研发和技术人员 1000 余名,取得多项国家级荣誉,主导制定多项国际国内行业标准。

（二）J 公司券商关联情况

本章从上海证券交易所官方网站获取了 J 公司首次公开发行的招

股说明书及2019—2021年的公司年报。券商关联以企业董事、监事或高级管理人员曾经是否存在证券中介机构任职经历作为判断。本章采取较广义的中介机构概念，包括证券经营机构和证券服务机构。具体的结果如表5-16所示，可知近年来J公司的董监高人员存在一定程度的券商关联。

表5-16　　　　J公司2019—2021年券商关联情况

年份	2019	2020	2021
是否存在券商关联	是	是	是
券商关联人数	3	4	4
董事券商关联人数	2	2	2
监事券商关联人数	0	1	1
高管券商关联人数	1	1	1

资料来源：上海证券交易所官网J公司首次公开发行招股说明书及公司年报。

（三）J公司经营及研发创新情况

1. 经营情况

2019—2021年，J公司3年的营业收入、归母净利润、经营性现金流及总资产，除归母净利润于2020年呈现下降趋势外，其余指标整体呈现明显的上升趋势（见图5-1），2022年则大幅回升并显著增长。而2020年及2021年归母净利润下降的原因主要为硅料等原材料价格上涨导致公司的利润率下降，从而对公司的经营业绩产生一定的负面影响。根据J公司于上海证券交易所官网披露的2022年度业绩预告，归母净利润较2021年度有较大幅度增长（预测区间上下限均值为28.10亿元），主要原因在于全球市场需求旺盛，公司持续发挥全球化布局、本土化经营的战略优势，不断优化一体化产能结构，持续推进产品降低成本，在光伏组件出货量上升的同时N型产品红利逐渐释放，实现年同期大幅增长。

2. 研发创新情况

创新是引领发展的第一动力，J公司高度注重自主创新研发，不断提升技术研发能力，拥有高效的科研平台。J公司通过持续的科技投入，形成了自己的核心技术，获得了突破性的技术成果。从2013年开始，累计创造了18项世界纪录，现为2项纪录保持者，已成功申报并立项国家级重点研发计划项目5项、其他各类省部级科研项目100余项，同时获得多项权威性能效认证及技术创新突破奖励。2015年底，根据国家太阳能光伏产品质量监督检验中心发布的数据，J公司高效多晶电池线量产平均效率达20.13%；2020年，J公司大面积N型单晶硅单结电池效率更是创造了世界纪录。

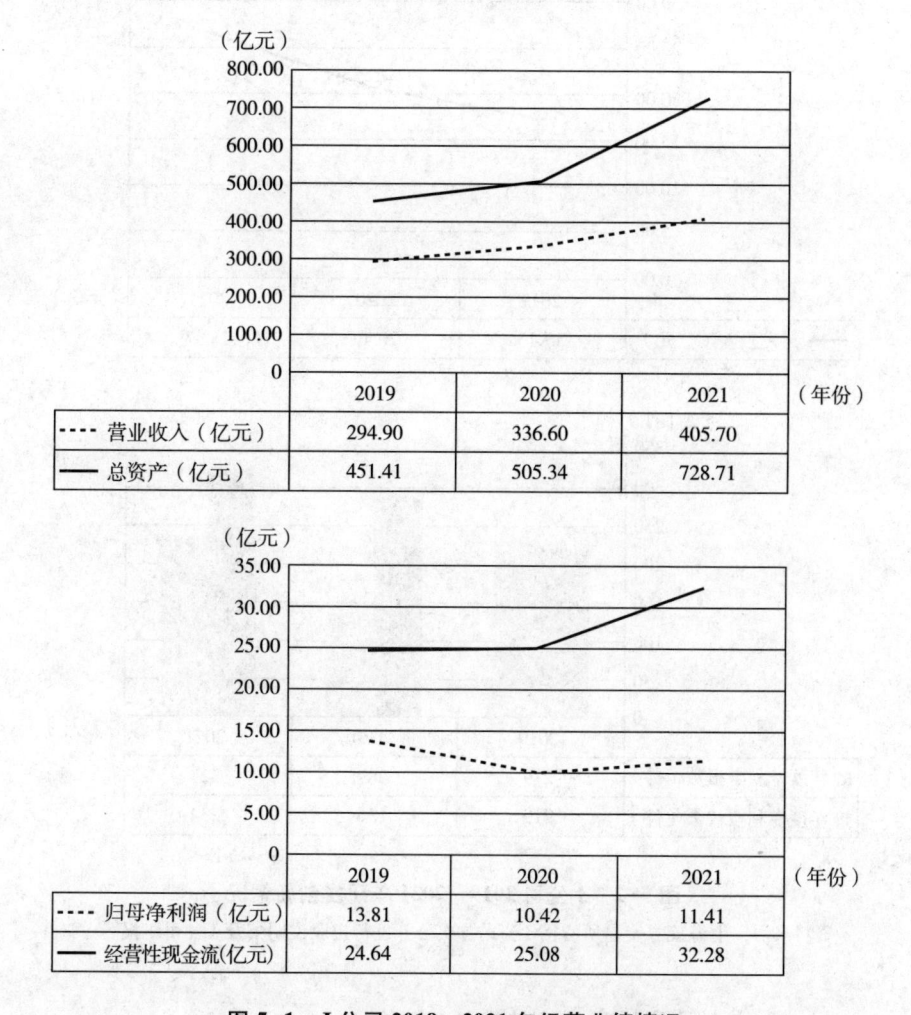

（亿元）	2019	2020	2021
----营业收入（亿元）	294.90	336.60	405.70
——总资产（亿元）	451.41	505.34	728.71

（亿元）	2019	2020	2021
----归母净利润（亿元）	13.81	10.42	11.41
——经营性现金流（亿元）	24.64	25.08	32.28

图5-1　J公司2019—2021年经营业绩情况

资料来源：上海证券交易所官网J公司首次公开发行招股说明书及公司年报。

如图5-2所示，J公司2019—2021年研发投入及年度专利申报数持续稳步增加，年度专利授权数于2020年有小幅下滑，可能的原因如前文所述，原材料价格的上涨对企业产生一定影响，公司积极调整战略，迎难而上，持续加大研发投入，2021年专利授权数再次创造新高。

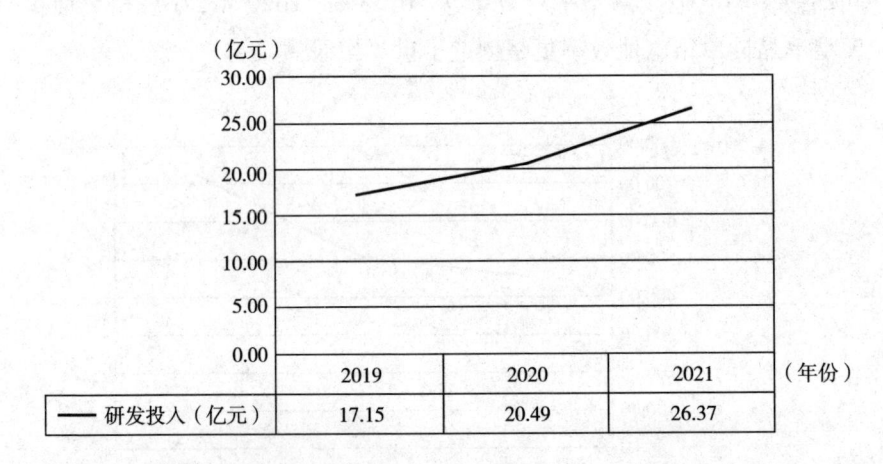

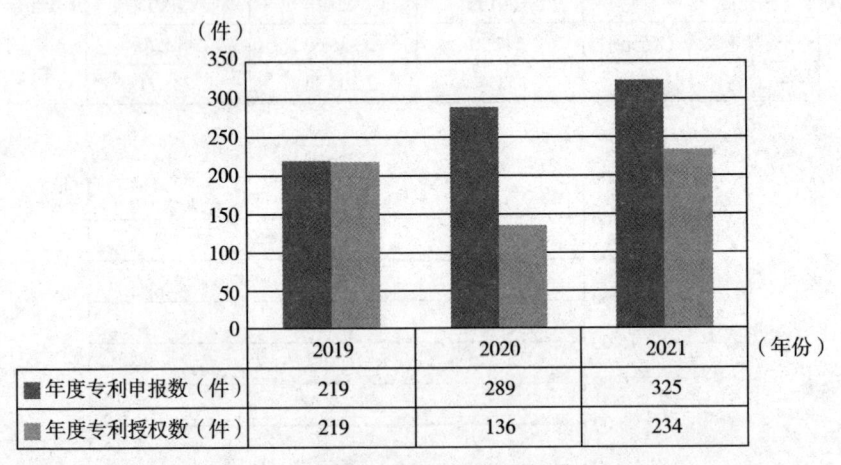

（亿元）	2019	2020	2021
研发投入（亿元）	17.15	20.49	26.37

（件）	2019	2020	2021
年度专利申报数（件）	219	289	325
年度专利授权数（件）	219	136	234

图5-2 J公司2019—2021年研发创新情况

资料来源：上海证券交易所官网J公司首次公开发行招股说明书及J公司年报。

（四）J公司承销商信息披露情况

J公司首次公开发行招股说明书中对保荐机构（主承销商）ZX建

投证券通过其全资子公司 ZX 建投证券投资有限公司及 ZX 建投资本管理有限公司直接和间接享有发行人 0.0941%权益、联席主承销商某证券持有保荐机构（主承销商）某建投证券 4.94%股份，以及现任高管曾具有联席主承销商的工作经历均进行了详细合理的披露。此外，招股说明书针对最近一年发行人新增股东的持股数量及变化情况，以及发行前发行人各股东间的关联关系和关联股东的各自持股比例、出资额、出资比例等情况均进行了十分详细的披露。其中包括保荐机构（主承销商）ZX 建投证券股份有限公司子公司及子公司 ZX 建投资本管理有限公司担任执行事务合伙人的企业的股东和持股比例等。由此可见，承销商并未刻意隐瞒任何有可能形成企业券商关联机会主义行为的信息，并对其进行了真实、全面、完整的公开披露。

（五）J 公司投资者保护策略

根据《中华人民共和国公司法》、《中华人民共和国证券法》（以下简称《证券法》）、《上海证券交易所科创板股票上市规则》、《上市公司信息披露管理办法》等法律法规和规范性文件，公司制定了《信息披露管理制度》，从信息披露的内容、信息披露的程序、信息披露的职责、保密措施、监督管理等方面作出了具体规定。公司制定了《投资者关系管理制度》。在首次公开发行股票过程中和在上海证券交易所科创板上市后，公司按照相关法律法规、规范性文件和公司章程关于信息披露的有关要求，真实、准确、完整地报送及披露信息。

J 公司于 2022 年 1 月成功登陆上交所科创板。上市申请阶段，公司作为发行主体，通过招股书文件详细披露公司的基本信息、业务模式、发行情况、相关风险，以及过去 3 年的经营和财务状况。发行审核阶段，积极回复交易所及证监会的问询，并在日常工作中以邮件、电话形式及时回复媒体、投资者和公众的问询。公开、透明、诚恳的信息披露与沟通工作为公司上市的快速获批奠定了坚实的基础。此后的发行阶段，公司开展投资者路演 20 余次，参与机构百余家，并积极通过上证路演中心等平台开展与投资者的沟通交流。

J 公司建立了累积投票制、中小投资者单独计票机制、网络投票制等股东投票机制，充分保障了投资者尤其是中小投资者参与公司重大决策的权利。同时，公司的独立董事积极参与公司决策，充分发挥在财务、行业、管理等方面的特长，就公司规范运作和有关经营工作提出意见，就董事会审议相关事项文件进行审阅并发表了独立意见，切实维护了包括中小投资者在内的全体股东的利益。

（六）社会责任履行情况

J公司被福布斯中国评选为2022年可持续发展企业50强，以表彰其一贯的创新重点和可持续的商业实践。J公司在可持续发展方面立足深远并将其作为首要战略。于2019年加入RE100且承诺到2025年100%使用可再生能源，并致力于成为行业内光伏组件回收先驱。此外，作为全球率先实现绿电比例突破50%的光伏企业，J公司一直以来注重节能减排，响应国家"双碳"目标，高质量践行ESG发展理念，为传统工业企业提供清洁能源和零碳方案，助力绿色转型。如图5-3所示，J公司2019—2021年在节能环保投入及安全生产投入方面均逐年上升，可见企业对环境管理及安全责任的重视程度。J公司的节能环保投入及安全生产投入在2021年创新高。此外，在提升员工培训率、主张员工性别平等，公益捐赠及新冠疫情防控等方面，J公司也取得了丰硕的成果。

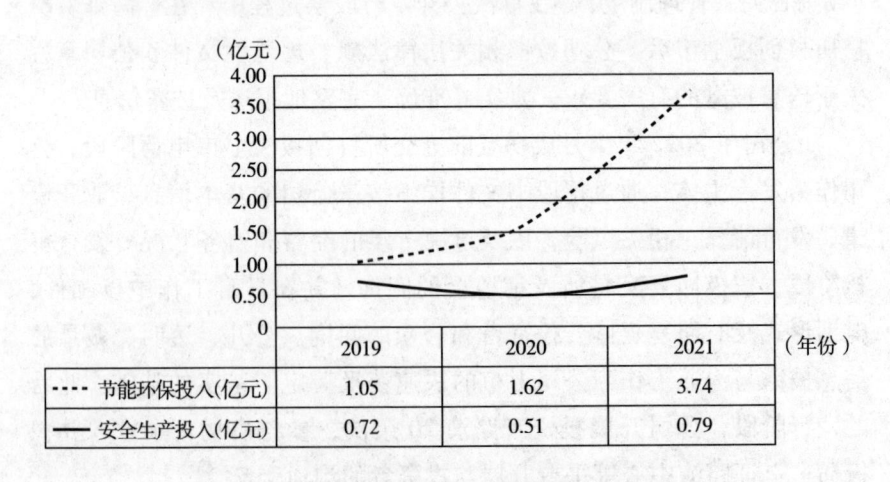

（年份）	2019	2020	2021
节能环保投入(亿元)	1.05	1.62	3.74
安全生产投入(亿元)	0.72	0.51	0.79

图 5-3 J公司 2019—2021 年履行社会责任情况

资料来源：J公司 2021 年度环境、社会及治理（ESG）报告。

（七）案例总结与启示

实施注册制之后，新股发行条件将取消连续3年盈利等硬性条件，上市门槛不再绝对，扩大了上市主体范围。注册制改革对拟上市公司释放了门槛降低的信号，使其通过编制虚假财务信息取得上市资格的可能性得以降低。注册制下由市场各方参与者对公司股票的发行时机、发行规模以及发行价格等进行博弈并最终确定，此时企业投资价值判断和投资风险由投资者承担。投资者选择增多，这对IPO企业的盈利能力等业绩指标提出了更高的要求。同时，证券中介机构的作用越发凸显，外部投资者的预期和决策更可能受证券中介机构信息和行为的影响。企业存在券商关联的现象在资本市场的实践中比比皆是，对企业的生存发展具有双刃剑的效应。一方面，当董监高人员具有一定的券商工作经历时，能够更加熟练掌握该领域的工作流程及规章制度，在工作中可以运用其丰富的金融经验和知识为企业提出更加科学合理的建议和决策，对风险的识别也更加准确，有助于企业获取更多外部金融资源。与此同时，企业通过IPO获得上市的机会，努力提高资金运用效率并积极投身研发创新，获得可持续的核心竞争优势，对企业的长期发展大有裨益。如前所述，截至2023年2月，J公司的股价相对2021年1月IPO上市时已翻3倍有余，足见其企业价值取得了大幅度提升。另一方面，倘若某些企业图谋通过隐蔽的社会资源关联与证券中介机构形成亲密关系进行短视的机会主义寻租行为，降低证券中介机构监督约束的公允性，甚至与证券中介机构基于协同的机会主义目的而合谋操纵，而不从根本上改善经营效率则更可能为外部投资者和资本市场带来不利的影响。

二　W公司案例分析

（一）W公司简介

W公司主营业务是农产品生产和销售。于2011年顺利上市，筹集资金逾4亿元。根据在上市公司巡检中发现的线索，2012年9月，证监会对W公司涉嫌财务造假等违法违规行为立案稽查。该案例为首例创业板公司涉嫌欺诈发行股票的案件。W公司在发行上市过程中，保荐机构P证券公司等三家中介机构及相关责任人员涉嫌未勤勉尽责，出具的相关材料存在虚假记载，后续分别被立案调查。根据中国证券监督管理委员会通报，W公司上市前3年存在虚增利润嫌疑，分别虚增营业利润约2851万元、3857万元、4590万元。

（二）W公司券商关联情况

1. 招股说明书董事、监事和高管券商关联梳理

本书从中国证券监督管理委员会官方网站获取了W公司招股说明书。券商关联以企业董事、监事或高管曾经是否存在证券中介机构任职背景作为判断。与前文一致，本节采取较广义的中介机构概念，包括证券经营机构和证券服务机构。具体的结果如表5-17所示。可知W公司的确存在券商关联，券商关联人数为3人，其中董事会和监事会券商关联人数分别为2人和1人，而与证券经营中介关联人数为1人，与证券服务中介关联人数为2人。

表5-17　　　　　　　　W公司2011年券商关联情况

	是否存在券商关联	是
	券商关联人数/人	3
	其中：	
券商关联的第一种分类	董事会券商关联人数/人	2
	监事会券商关联人数/人	1
	高管券商关联人数/人	0
券商关联的第二种分类	证券经营中介关联人数/人	1
	证券服务中介关联人数/人	2

资料来源：W公司首次公开发行招股说明书。

2. 券商不正当关联情况梳理

为分析和阐明W公司可能利用券商关联，实现寻租操纵，粉饰企业业绩、实现企业IPO过会成功上市，本书进一步对大量媒体信息进行搜集和整理，以便阐明券商关联下的企业机会主义行为的嫌疑。

（1）企业股份结构复杂，存在股东代持问题。W公司股份的结构比较复杂，存在股东代持的问题。W公司前十大股东包括3家机构

和7位自然人,其中七位自然人存在千丝万缕的亲缘或社会联系。更让人诟病的是,该名高管证实其中有两位自然人是证券中介机构代持人。可见,W公司可能存在与证券中介机构隐蔽的社会和经济关联情况。

(2)上市前屡次更换保荐机构,存在操纵嫌疑。W公司上市前屡次更换了保荐机构,也让外部利益相关者和投资者存在较大质疑。2009—2010年为上市做准备期间,公司共更换了两次保荐人,从最初的G证券公司更换为C证券公司,最终又更换成P证券公司。2008—2010年,P证券公司、Z会计师事务所、B律师事务所成立了一个20多人的临时办公点,对W公司的账务进行了前后3次调整,最终才将账务做平。可见,保荐机构和证券服务机构的确存在与企业合谋进行机会主义操纵的嫌疑。

(三)W公司和证券中介机构违规操纵行为分析

1. 虚增收入

W公司上市前累计虚增营业收入7.4亿元、营业利润1.8亿元、净利润1.6亿元。上市后为规避业绩反转带来不利影响和实现减持收益,公司继续虚增营业收入和净利润。如表5-18所示,在调整前的2012年中期财报数据中,W公司虚增营业收入比例高达228%;原是负数的营业利润虚增至2554.86万元,虚增比例高达277%;直接实现净利润的扭亏为盈,虚增比例高达294%。利用虚增的收入使W公司的财务报告显示出持续的良好业绩,不仅缓解了面临资金紧张的困境,还使其能够继续在资本市场上圈钱。

表5-18　　　　W公司2012年中期财报调整数据

项目	报告期2012年1—6月（调整后）（万元）	报告期2012年1—6月（调整前）（万元）	调减金额（万元）	虚增金额比例（%）
营业收入	26990.52	8216.94	18773.58	228
营业利润	2554.86	-1436.53	3991.39	277
净利润	2653.32	-1367.84	4021.16	294

资料来源:W公司年报数据及中国证券监督委员会官网。

2. 虚增客户，虚构合同

W公司利用虚构交易最终实现营收虚增。公司通过虚构实质上并没有交易和事项辅以虚假的合同，让其看起来好像真实地发生过，从而实现虚增利润的目的。据2012年中期财报，公司的前五大客户分别是X粮油经营部、Q食品、S食品、J糖果、XY食品。而在中期财报数据调整后（见表5-19），S食品和XY食品已跌落前五名客户名单之外。其中，S食品效益很差，生产基本停顿，而XY食品也并不存在实体公司。W公司和客户虚构交易的行为令人咂舌。

表5-19 W公司2012年中期财报营业收入中前五名客户更正情况

单位名称（调整前）	单位名称（调整后）	主营业务收入（调整前）（万元）	主营业务收入（调整后）（万元）	占营业收入比例（%）（调整前）	占营业收入比例（%）（调整后）
X粮油经营部	X粮油经营部	1694.20	1694.20	6.28	20.58
Q食品	YD粮油贸易行	1415.61	634.00	5.25	7.70
S食品	Q食品	1380.39	222.80	5.12	2.71
J糖果	J糖果	1341.95	118.73	4.97	1.44
XY食品	JZ公司	1340.64	90.70	4.97	1.10
合计		7172.79	2760.43	26.59	33.53

资料来源：W公司年报数据及中国证券监督委员会官网。

3. 虚增资产

除了利用虚构的客户和虚构的合同来转移虚增的营业收入外，在建工程同样也是W公司虚增营业收入的重要方式。同时，资产负债表和利润表勾稽关联，降低了造假被发现的可能。2012年上半年，W公司在建工程余额近2亿元，比初期余额0.87亿元增加了1亿多元。此时很可能采用虚增在建工程的财务造假手段，但并未引起外界的猜疑。这是因为一方面"在建工程"的进度主要随公司主观判断，资产金额的确定也就比较随意；另一方面拟上市扩大建设也很好地掩饰了在建工程造假。具体地，W公司采用虚构工程承包方和虚构客户的方式，实现现金余额保持不变而增加在建工程款项。用此方法，实现虚增在建工程款项共计7500万元（见表5-20）。

表 5-20　　　　W 公司 2012 年中报在建工程更正情况　　　　单位：万元

项目	账面余额（更正前）	账面余额（更正后）	虚增金额
供热车间改造工程	7368.70	6001.00	1367.70
淀粉糖扩改工程	2809.33	677.03	2132.30
污水处理工程	4201.20	201.20	4000.00
合计	14379.23	6879.23	7500.00

资料来源：W 公司年报数据及中国证券监督委员会官网。

4. 虚构预付账款

虚增利润显然会虚增资产。W 公司采用伪造虚假供应商的方式，将资金转入这个虚假的原料供应商，而后通过供应商账户内的采购预付账款转入公司自己的账户，实现了资金回流到公司账户中，增加预付账款。利用该方式，W 公司实现了预付账款虚增高达 40%（见表 5-21）。

表 5-21　　W 公司 2012 年中报预付账款金额前四名更正情况

单位名称（调整前）	单位名称（调整后）	金额（调整前）（万元）	金额（调整后）（万元）
童某	H 建设	1002.71	694.00
H 建设	S 机械	694.00	410.40
陈某某	G 研究院	521.08	306.00
陈某	C 粮油	439.47	171.92
合计		2657.26	1582.32

资料来源：W 公司年报数据及中国证券监督委员会官网。

经查，P 证券公司在 W 公司上市保荐工作中，未审慎核查其他中介机构出具的意见，未对 W 公司的实际业务及各报告期内财务数据履行尽职调查、审慎核查义务，未依法对 W 公司履行持续督导责任，内控制度未能有效执行。其出具的《发行保荐书》和持续督导报告存在虚假记载。P 证券公司的上述行为，违反了《证券法》等法律法规的相关规定，构成了《证券法》第 192 条和《证券发行上市保荐业务管理办法》第 67 条所述情形。在面对 W 公司 IPO 招股说明书等申请文件时，P 证券公司未能尽职履行信息披露的审慎核查，尽职调查也未落于实处。因此，P 证券公司在获取不充分证据的情况下就出具了所谓"专业"意见。

（1）未对主要供应商身份和采购合同的真实性进行审慎核查。对 P 证券公司保荐底稿调查发现，采购合同中主要供应商签名、身份信息存在不符情况。然而，P 证券公司并未采购合同和供应商身份进行相关审核。

（2）未严谨核实交易合同和客户信息。通过调查 P 证券公司的保荐工作底稿发现，一些主要客户印章名字和工商登记名称并不相同。在访问主要客户的调查笔录中发现，部分客户没有签字或盖章，并且所记录的合同金额与实际金额不一致。可见，P 证券公司并没有对 W 公司主要客户的身份信息和销售合同的真实性进行审慎核查。

（3）P 证券公司未对律师事务所和会计师事务所拟提供意见严谨审核，未发现财务造假风险。P 证券公司没有尽职调查相关证券服务机构出具专业意见的内容，对招股说明书等披露信息的真实性未进行严谨审核。一方面，P 证券公司忽视了律师事务所提供资料的审核。导致披露资料存在供应商、客户名称与工商登记信息不符情况。另一方面，提供的资料也发现供应商信息和合同信息与实际不符情况。因此，可见 P 证券公司尽职调查和保荐工作存在重大遗漏。

（4）P 证券公司未对 W 公司业务和财务数据进行严谨审核。经后期的调查发现，P 证券公司在未尽职调查和严谨审核基础上，就直接使用经审计的财务数据。同时，对保荐底稿调查发现，P 证券公司对 W 公司的业务披露也并未独立审核。最终导致 W 公司业务和财务数据信息披露不真实。

W 公司之所以能够通过财务造假的方式成功上市，很大程度上是由其保荐机构 P 证券公司的不称职所致的。P 证券公司并未履行尽职调查、审慎核查的义务，致使没有核查出 W 披露的招股说明书等材料真实性与可靠性。在 P 证券公司的保荐下，W 公司 IPO 成功超额募集 4.25 亿元资金，也给股东带来了巨大损失。

（四）证监会对 W 公司和证券中介机构的处罚结果

证监会对企业涉事人员的处罚结果：W 公司的行为违反了《证券法》等相关法律法规的规定，构成《证券法》第 189 条所述"发行人不符合发行条件，以欺骗手段骗取发行核准"及第 193 条所述"发行人、上市公司或者其他信息披露义务人未按照规定披露信息，或者所披露的信息有虚假记载、误导性陈述或者重大遗漏"的行为。根据《证券法》的相关规定，证监会拟责令 W 公司改正违法行为，给予警告，并处以 30 万元罚款；对董事长及总经理给予警告，并处以 30 万元罚款；同时对其他 19 名高管给予警告，并处以 5 万—25 万元罚款。

证监会对证券中介机构的处罚结果：P 证券公司也受到了证监会的警告处理和罚款。不同的处罚对象罚款金额和处罚方式有所不同，具体如下：没收全部保荐业务收入，并罚款 5110 万元（业务收入的两倍），规定其 3 个月内不得开展保荐业务；对 2 名保荐代表人分别罚款 30 万元，并取消证券从业资格、禁止执业。对 2 名保荐业务负责人和 1 名内核负责人罚款 30 万元，撤销证券从业资格；对 1 名保荐项目协办人罚款 10 万元，撤销证券从业资格。没收涉及的会计师事务所全部审计业务收入，罚没业务收入两倍的罚金，撤销证券服务业务许可证书。对相关签字会计师采取不同程度罚款，甚至禁止证券执业。没收涉及的律师事务所全部法律业务收入，罚没业务收入两倍的罚金，暂停接受其出具证券发行专项文件 1 年；对相关签字律师进行罚款，甚至禁止证券执业。

（五）案例总结与启示

注册制改革对拟上市公司释放了门槛降低的信号，似乎企业通过编制虚假财务信息取得上市资格的可能性降低了。其实不然，注册制下由市场各方参与者对公司股票的发行时机、发行规模以及发行价格等进行博弈并最终确定，此时企业投资价值判断和投资风险由投资者承担。投资者选择增多，这对 IPO 企业的盈利能力等业绩指标提出了更高的要求。外部投资者的预期和决策更可能受证券中介机构信息和行为的影响。若企业通过隐蔽的社会资源关联与证券中介机构形成亲密关系，降低证券中介机构监督约束的公允性，更可能为外部投资者和资本市场带来不利的影响。因此，一方面，证券中介机构应高效履行监管约束作用，把好资本市场的大门；另一方面，外部投资者和监管机构同样应客观分析证券机构的行为和披露信息，并结合多渠道的企业信息综合判断，提升决策的理性。

第五节 治理建议

一 现有治理文献概述

以往的相关研究表明，充分而有效的激励与惩罚机制对于抑制券商与企业的机会主义行为具有一定的作用。高惠等（2015）应用监管函数的研究发现，券商中介机构在一定的监管条件下对于拟 IPO 公司信息质量的提升具有促进作用，但若监管力度不足则难以形成有效的约束机制；从博弈论的角度建立政府监管部门、拟 IPO 公司及成效中介机构三者的模型，考查防范合谋形成的有效途径，结果表明提高公司信息透明度对于防范合谋具有显著效应，但实践中 IPO 公司及中介机构之间却欠缺有效的激励与约束、加之兼顾惩罚力度有限，合谋行为也因而仍然屡禁不止（冯琳，2017；黄顺武、余霞光，2022）。而社会监督也对此有积极影响，防范发行询价中的机会主义合谋应加强社会媒体对新股发行询价过程中的监督（冯琳，2017；黄顺武、余霞光，2022）。此外，学者的研究还表明承销商与其他中介机构之间也可能存在机会主义合谋行为，而承销商经办人员的人力资本对二者的合谋行为具有缓解作用（吕怀立、杨聪慧，2019）。

二 治理建议的提出

本章实证部分的研究表明，样本公司在拟 IPO 企业成功上市后，可能增加后续一定时期的管理层超额薪酬。上市企业通过券商关联，基于资源依赖会提高投资者的预期，导致管理层获取超额收益的合理化，增加管理层机会主义谋利的可能性。本章认为应从以下方面对券商关联企业的机会主义行为进行治理。

（一）基于企业自律的角度

1. 完善内部激励机制

当企业内部激励制度不够完善，加之缺乏健全的组织机构、公司治理水平低下，企业的高级管理层有可能会采取机会主义行为来获得自身利益的最大化，因此需要不断健全企业内部的激励制度。

第一，建立健全合理的薪酬与考核委员会。如上述案例中，J公司具有董事会薪酬与考核委员会由董事会设立的专门工作机构，主要负责制定针对考核对象的业绩考核标准、建立完善的考核体系并进行有效考核；负责制定、审查考核对象的薪酬政策与方案，拟订公司的股权激励计划并按规定实施考核。J公司依据中国和业务所在国家或地区的法律法规，建立合理并具有激励性的薪酬体系，并根据市场发展情况定期调整薪酬，确保薪酬的合理性和竞争力。J公司遵循按劳分配的原则，实行男女同工同酬，禁止因性别等原因在薪酬待遇上区别对待。

第二，优化薪酬激励方案。将与企业业绩"强挂钩"的现有薪酬体系逐渐转变为与企业综合性指标联动的薪酬机制。一方面，有利于降低高管利用会计信息操纵达标的可能；另一方面，有益于管理层以实现企业综合竞争力为目标而努力。

第三，优化高管薪酬结构。高管薪酬可划分为基本年薪、业绩年薪和管理年薪，且均包含正常标准薪酬和特殊奖励两个部分，并对具体的薪酬实现标准制定详尽的条件和对年薪比例进行合理优化，可视企业具体情况酌情调整。

第四，制定团队指标和个人指标并重的薪酬评定标准。组建专门、公正、独立的薪酬评定委员会，就团队指标和高管个人指标完成情况进行打分评定，并去掉最高分和最低分，最终根据具体配比方式将公正的衡量高管业绩完成情况，作为薪酬评定的核心依据。第五，建立非财务绩效指标体系，关注企业的创新能力及可持续的成长性，将对高管的绩效评估拓展到更广阔和长期的范围。

2. 提升员工的治理意识和能力

目前，我国上市公司的实践中存在一些问题，如某些公司专业人员的专业技能不足、员工培训和学习提升投入不够和员工技能发展后劲不足、创新活力较弱。同时，公司员工主人翁意识不强，不能发挥企业内部治理有效监管和约束的作用。前文案例中，J公司针对与采购、会计、内部控制、审计及其他方面有关的不规范行为建立了举报制度，供员工、商业合作伙伴和其他第三方使用，并承诺对举报者的信息保密，严禁打击报复举报者的行为。举报制度由公司审计委员会下的反欺诈和举报委员会管理。若员工在事发当时能采取有效的举报或检举行为，违规风险则很有可能得到控制。因此，需全面提升员工治理意识和治理意愿，如通过定期对员工进行培训以提升员工专业能力、优化员工激励机制以增强其主人翁意识；建立企业员工信访举报平台以提高内部治理水平。

3. 建立健全投资者保护措施

一方面，在目前法律法规对于投资者权益保护不够健全的背景下，有必要由证券投资者保护基金建立投资者权益保护长效机制，倡导控股股东、实际控制人针对背信违约行为主动承担责任。在责任主体设立投资者专项补偿基金时，由投保基金公司以公益性和中立性原则为前提作为基金管理人，开展专项补偿基金日常管理及运作，勤勉尽责履行管理人职责，确保专项补偿基金财产安全、完整及专款专用。

另一方面，可借鉴上述案例中J公司的做法，在路演及IPO过程中设立投资者热线，在官网开设投资者关系页面，并通过股东大会、公司网站、分析师会议或业绩说明会、现场参观、路演、一对一沟通、电话及邮件沟通等渠道开展与投资者的交流，增进投资者对公司的了解和认同，提高信息披露质量，树立公司良好的资本市场形象。

（二）基于外部他律的角度

1. 进一步压实中介机构责任

保荐机构等中介机构承担着审慎核查与督导发行人规范运作的责任，其诚信水平和执业质量对于从源头上提高上市公司质量、促进资本市场稳定健康发展具有不可替代的作用。保荐机构应严格按照《招股说明书准则》《企业会计准则》《保荐人尽职调查工作准则》等法规政策要求，切实依法尽职履责，勤勉尽责执业，下力气狠抓保荐质量。

第一，要严格遵守业务规则和行业规范，保持合理职业怀疑，充分实施尽职调查，对执业过程中存在的问题全面梳理并严肃整改，严格防范利润操纵、欺诈发行风险。

第二，从业务流程和职位说明各环节全面夯实风险内控各项制度要求，将内控责任落实到岗、细化到人、贯穿于每个申报项目中，防止风险控制"走过场"。

第三，真正完善内部问责机制。保荐机构主要负责人要承担起管理责任，对于项目遴选、项目论证、原始材料提供、尽职调查等各个环节，项目各环节签字人员均要承担相应责任。保荐机构须切实加强内部监督检查，对于保荐执业过程中出现的不规范行为，主动清理门户，扫除"害群之马"。

第四，建立执业质量评价机制。将保荐人资格与新股发行信息披露质量挂钩管理，适当延长保荐机构持续督导期，试行保荐机构"跟投"制度，加强保荐业务内部控制机制建设，强化从业要求，丰富监管措施类型，扩大人员问责范围，加大处罚力度。

第五，完善保荐人和承销商的相对独立原则。该举措有效提升中介机构工作效率，形成以保荐机构为主体、多个承销商联合的机制，实现中介机构间相互监督约束，提升保荐机构尽职调查和承销商承销工作的审慎性。

第六，对券商机构的选定标准严格规定。应完善券商机构的选定规范、实行规避制度。避免发行人与证券经营机构和证券服务机构因隐性关联、利益输送和社会关联引发的合谋造假情况。

第七，进一步完善资本市场中介机构的评级机制。对权威性较高的独立第三方定期评级结果进行公示，对重点事项进行通报，对评级较差机构的中介活动重点核查，提升声誉机制对中介机构的威慑和约束效力。

第八，持续推进券商机构廉洁从业建设。组织券商机构进行深入的思想政治建设，认真贯彻落实党中央和国务院重大决策部署。严厉打击违反廉洁规定的券商行为,建立连接行为负面清单,将廉洁从业情况纳入分类评价体系和诚信档案。加强监管的执法力度,坚持"罚必双罚",强化企业与券商的双边诚信约束,加大处罚力度。

2. 提高证券交易所的监管能力

在注册制下,新股发行审核权力重新分配证监会和证券交易所分别履行相应的监管职能。对证监会的审核权力进行拆分,也增加了证监会对违规案件调查和取证的难度。证监会和证券交易所的职能应进行明确分工和安排,调动证券交易所的监督效能,使其不只作为证监会的执行机构,还应该承担相应的监管职能,包括履行企业上市审核权、主动监管企业是否具有上市交易资格等。

第六节 本章小结

券商是企业又一重要的外部利益相关者,其与企业的关系同样影响企业行为。在注册制的实施框架下,中介机构对发行人的信息披露资料承担审查验证和专业把关责任,投资者根据披露的信息审慎作出投资决策,自主判断投资价值。券商是缓解企业内外信息不对称的中介机构,能够发挥信息治理作用,规范上市企业的内部治理和机会主义行为。本章研究的焦点问题正是公司上市IPO阶段与券商这一中介机构是否存在相关的机会主义行为的可能。

一方面,本章采取企业IPO阶段的机会主义表现、实证分析及案例分析多种分析手段,对企业在IPO阶段高管具有券商背景是否会有利于企业在IPO阶段实现机会主义操纵的可能进行探索。本章以2004—2019年的上市企业为研究样本,实证分析结果显示,存在券商关联的样本公司在IPO上市后,一定时期内会增加管理层超额薪酬的获取。而某些上市企业存在短视的机会主义动机,通过券商关联引导外部投资者产生企业资源禀赋较优的预期,从而增加投资者的有限关注。这类机会主义操纵不仅降低了监管的公允性,对企业自身的可持续发展及资本市场的稳定运行也会造成负面影响。此外,本章还通过

W公司的案例分析表明，某些民营企业可能会利用与券商合谋的不正当行为进行欺诈发行、财务造假、虚假披露等，破坏了资本市场的公信力，造成投资者损失。

另一方面，本章通过J公司的案例分析表明，企业券商关联也可能有助于IPO企业、行业及资本市场的发展，当高级管理人员具有一定的券商工作经历时，能够更加熟练地掌握上市的工作流程及规章制度，在工作中可以运用其丰富的金融经验和知识为企业提出更加科学合理的建议并作出正确决策，对金融风险的识别和判断能力也更强，有助于企业获取更多创新发展所必需的融资。与此同时，企业通过IPO获得上市的机会，更应努力抓住机会，严格健全公司管理体系，提高资金运用效率并积极投身研发创新，获得可持续的核心竞争优势，才是提高企业价值的有效途径，更有利于资本市场的健康稳定运行。

第六章

风投机构进入与 IPO 公司机会主义行为研究

风投机构对于企业 IPO 一直存在两种假说——"认证假说"和"逐名动机假说"。"认证假说"（Sahlman，1990）认为，风投机构通过对被投资企业进行资本的注入，将参与被投资企业的管理，帮助企业更好地成长。一般未上市的中小型企业和市场的经常性参与者并不能产生联系，但是风投机构作为第三方的加入，在入股前会对被投资企业进行一定程度的挑选，选择发展能力和前景都不错的公司作为投资对象。风险投资公司可以参与被投资企业的经营，所以风险投资公司可以利用其自身的优势来改善企业的经营状况使企业能够更健康地成长。"逐名动机假说"则认为，风投机构因为迫切的希望企业能够成功上市，所以会采用一些方法使企业尽快上市，从而回笼自己的资金（Lee and Wahal，2004）。风投机构为了追求自己的短期利益会对企业的长期成长能力造成损害。无论是正面的积极假说还是负面的消极假说，风险投资公司都迫切希望公司能够尽快上市。申泽宁（2018）提出风险投资在 IPO 前突击入股，在 IPO 后快速撤退的行为会对企业的成长性造成一定的损害。导致企业在 IPO 后出现业绩变脸等情况，不利于上市公司长久的成长。对于早期引入的风险投资，可以理解为通过对拟上市企业资金注入以及对企业的监督来帮助企业更好地发展。但是对于 IPO 前突击入股的风投机构来说，并不存在帮助企业更好地发展。因为风险投资企业在拟上市公司持股时间越长，其对于企业发展的参与程度就越高，监管的力度就越大，对企业正常的经营活动的影响就更大。可是对于在IPO前突击入股的风投机构来说，从表面上是看只能够对拟上市公司带来短期的资金支持，而所谓监督功能是建立在较长时间基础上的。目前，我国的风险投资行业正在迅速发展，鱼龙混杂。很多机构虽然戴着风投的帽子，可是其仅依靠关系以及渠道运作使企业上市从而谋求利益。

核准制下，拟上市企业要想通过IPO进行上市，先要进行股份制改革。法律规定上市公司必须是股份有限公司，股份有限公司可以通过发起设立或者募集设立。股份有限公司也有相应的设立条件，只有满足了设立条件，公司才能够变更为股份有限公司。在股改之后公司需要聘请有保荐资格的券商对公司进行辅导，这个阶段主要是让股份有限公司建立起完全符合上市要求、相对完善的运营体制。股份有限公司运行一段时间之后，经证监会地方派出机构验收符合条件的，可以制作申报材料。之后保荐机构提交招股说明书，有关部门会对招股说明书进行审核，只有通过了审核，申请上市的企业才能够在证券部门的允许下公开募股。整个过程较为漫长，而且通过审核的概率也较低。2018年的过会率仅仅为57.51%。2019年虽然整体过会率为84.15%，但是相对于主板中小板而言，创业板的过会率最低。Wind行业数据库统计，创业板过会率为78.08%。对于拟上市的企业而言，在整个IPO过程中投入了巨大的时间成本和资金成本。他们迫切地希望通过上市来获得资金，改善企业自身的财务状况。但是面对严格的审核以及低过会率，拟上市公司可能会通过引进风投机构来增加IPO成功的概率。风投机构在IPO前突击入股，不仅可以给拟上市公司短期资金支撑，同时可以利用其自身的资源和条件，帮助企业更快地通过IPO审核。风险投资通过帮助拟上市公司同相关政府监管部门比如证监会建立良好的关系，加快各个环节的审批速度以及提高其过会成功率。可是相对于早期引进的风投机构而言，这种为了加快IPO进程或者提高IPO成功率而引进的风投对拟上市企业未来的发展能力有一定的伤害。因为通常该类型的风险投资公司希望通过推进拟上市公司成功上市，在解禁期后进行大量减持套现获得自己的超额收益。这种

"快进快出"型风险投资除了能够加快 IPO 进程和提高 IPO 审核通过率之外,并没有对拟上市企业产生实质性的帮助,相反,当风投机构快速撤退之后会造成公司"业绩变脸"。所以本书将拟上市公司为了加快审核速度以及提高审核的通过率而引进的"快进快出"型风险投资这种行为定义为 IPO 公司的机会主义行为。

  注册制下,拟上市企业要通过 IPO 上市,同样也需要经历股改等一系列的流程。虽然说注册制下证券监管机构不对股票价值进行审核,但是并不意味着不审核,审核过程中同样会经过多轮的反馈。虽然证券监管机构不会对公司的价值进行判断,但是对公司的披露制度要求十分严格,要求拟上市公司尽可能详细地进行披露。同时没有了证券监管机构对拟上市公司的价值判定,一旦拟上市公司的信息披露不完善,普通投资者和上市公司之间的信息不对称程度就会加深。在失去了证券监管机构的"第三方认证"功能后,对于普通投资者而言风险投资将会成为新的"第三方"。风投机构对于自己所投资的公司会进行适当的考察,只有对其认定发展前景不错,而且成长能力良好的公司进行投资。不知不觉,风投机构会成为新的第三方角色。而拟上市公司为了获得投资者的信任,得到更多的募集资金可能会引进风险投资。对于"快进快出"型风投机构而言,其对企业以及投资者产生的伤害可能会比核准制下更加严重。

第一节　风投机构进入与 IPO 公司机会主义行为动机分析

一　战术性资金动机

  企业进行 IPO 的周期较为漫长,企业在准备 IPO 的过程中会聘请相应的证券机构进行上市辅导,会计师事务所、律师事务所等中介机构的上市辅助也必不可少。拟上市公司在准备 IPO 的过程中需要耗费大量的时间成本以及资金成本。可是一个企业能否成功上市具有较大的不确定性,没有证据表明只要拟上市公司投入了时间成本和资金成本，公司一定能够上市。相反，现有数据证明拟上市公司的 IPO 过会率较低，一家公司上市成功与否可能受宏观的大环境变化以及微观的公司内部不足等影响。一旦公司 IPO 申请失败，公司所需要承担的成本是高昂的。所以拟上市公司愿意在 IPO 前引进风投机构，因为风投机构可以和拟上市公司分摊上市成本。风投机构素有高风险和高收益特点，一旦上市成功风投机构就可以享受数十倍甚至数百倍的高额回报。但是一旦上市失败，那么风投机构在拟上市公司所投入的资本将会一去不复返，拟上市公司可以不用背负高额的债务。这就相当于在 IPO 前拟上市公司找到了一个分担上市成本、分摊 IPO 失败风险的伙伴，所以企业愿意在 IPO 前引进风投机构。

二 战略性资金动机

注册制下，价值判断交给市场，处于劣势地位的中小投资者将会对上市公司进行更谨慎的选择。风投机构不属于上市公司原始的内部股东，但是相对于普通的中小投资者而言能够掌握更多、更准确的信息。在注册制的大环境中，拟上市企业不再拥有严格的盈利门槛，不能再依赖证券监管部门的普通投资者，必须从其他方获得对上市公司的价值判断，风投机构很可能成为普通投资者眼中的第三方"认证机构"。风投机构对拟上市公司会有一个选择的过程，它会选择发展前景较好，经营能力较强的公司作为投资的对象。这无形之中就是一种筛选的过程，就是对拟上市公司进行价值判断的过程。对于普通投资者来说风投机构就成为"认证机构"，普通投资者对于上市公司的价值判断可以根据是否有风投机构来进行。并且风投机构进入上市公司的时间越近，这种"认证功能"效果将会越大。对于早期进入公司的风险机构只能证明在早期该公司的盈利能力以及发展前景很不错，而风投机构进入上市公司的时间可能是公司初期，也可能是上市前不久。所以风投机构对于普通投资者的"认证功能"会根据进入时间的长短有所变化，出于满足企业自身的筹资动机，上市公司更愿意在离上市较近的时间引进风投机构以获得其"认证功能"。

三 战术性控制动机

风投机构拥有自己独有的人脉资源以及资本运作经验。虽然引进

"快进快出"型风险机构对于拟上市公司的整体经营并没有过多的帮助,但是风投机构自身有着丰富的资本运作经验,拟上市公司可能会凭借风投机构丰富的资本运作经验使自己公司的运作更加规范化。风投机构很有可能在股改前后为上市公司推荐优秀的中介机构,使拟上市公司少走弯路,加快整个 IPO 进程。无论是加快 IPO 速度,还是提高 IPO 成功率,拟上市公司都十分乐意引入"快进快出"型风投机构。

四 战略性控制动机

拟上市公司的原始股东在公司的不断扩张规模的情况下可能会不断稀释相应的股份,丧失对企业的绝对控制权。企业有着企业原始的经营理念,风投机构也是抱有利己的目的进入企业中。在公司初始阶段,风投机构的进入,不仅仅稀释了相应的股权,也会使原始股东丧失对公司的绝对控制权。风投机构拥有丰富的资本运作经验,同时也有着更多的人脉资源。初始阶段进入企业的风投机构会参与企业经营管理,改变企业内部的经营理念和方法,使整个企业能够更加的规范化与合理化。在这个阶段中,可能会导致原始股东和管理层经营决策权的旁落,这无疑是内部原始股东所不能接受的。风投机构的进入,参与企业内部管理的目的是尽快推动企业上市,从而获得高额的回报。企业内部的原始股东希望企业上市的目的是能够扩大企业经营规模,让企业能够在行业中获得竞争优势。两者对于企业上市的动机不一致,在行为中自然会有偏差。后期引入的风投机构就不会产生类似矛盾,后期进入企业的投资机构因为在企业内部的时间较短,无法同前期的风投机构一样获得充裕的时间成本。后期进入企业的风投机构面临着立刻上市的情况,无法获得足够的时间成本来参与公司的经营管理,所以对公司整体的发展改动不大。后期引进的风投机构大概率将会维持公司上市的原计划,所以原股东为了获得对公司经营的绝对控制权,更倾向引进"快进快出"型风投机构。

第六章　风投机构进入与 IPO 公司机会主义行为研究

第二节　风投机构进入与 IPO 公司机会主义行为表现概述

在 IPO 过程中，企业可能会利用信息不对称的大环境实施机会主义行为，而引进"快进快出"型风投机构就是企业的多种机会主义行为之一。"快进快出"型风投机构入股是指风投机构在拟上市企业 IPO 后期阶段入股，同时在企业首发之后以尽可能快的速度离开企业。企业在 IPO 整个过程中，引进"快进快出"型投资机构就是加快自己的 IPO 进程，同时也希望在信息不对称的大环境中为自己募集到更多的资金。资本市场中信息披露制度不够完善必然会加大上市公司和投资者的信息不对称，企业利用风投机构为企业募集更多的资金，风投机构的"认证功能"使得这一行为在资本市场中具有可行性。但是企业引进"快进快出"型风投机构会对企业的成长性造成一定的损害，通常表现为 IPO 之前为企业带来虚假的繁荣，但在 IPO 之后企业业绩极速变脸。

拟上市企业在不同时期引进风险投资，其背后目的是不一样的。根据在企业发展的不同时期进入企业，风投机构在企业中能够发挥的作用也不相同。拟上市企业引进风投机构可以划分为战略性行为和机会主义行为两种，本书将企业引进"快进快出"型风险投资认为是一种机会主义行为。"快进快出"型风投机构在企业内停留的时间较短，无法对企业产生较大的影响。拟上市企业之所以在知晓这类型风投机构无法为企业带来"增值效应"的同时还愿意以远低于发行市盈率的价格引进"快进快出"型风投机构，是因为"快进快出"型风投机构可以为企业带来"认证价值"。这对于日后能够募集到更多的资金十分有帮助，所以拟上市公司愿意引进风险机构。

一　主动机会主义行为表现

企业引入"快进快出"型风险投资的机会主义行为，从主动性来看，可以分为以下几个层面。

第一，补充拟上市公司的现金流。上市公司IPO整个流程中需要大量的资金，风险投资的参股可以补充企业的现金流，防止企业现金流的断裂。相应地，风投机构所带来的资金在IPO失败后并不需要赔偿。一旦上市失败，风投机构在拟上市公司所投入的资本将会一去不复返，拟上市公司可以不用背负高额的债务。拟上市公司可以通过引进风投机构来补充自身现金流，减少未来负债的风险。所以拟上市公司相对于负债更愿意引进风险投资。

第二，提高政府部门好感度。风投机构在选择拟上市公司时，会对企业进行各方面的考察。只有当风投机构认为企业具有较好的发展潜力时，风投机构才会对拟上市企业进行投资。所以，在无形之中，风投机构的选择就成为对拟上市公司具有发展潜力的认证。风投机构带来的"认证价值"可以提高证监会对于拟上市公司的好感度，增加拟上市公司通过证监会审核的概率。

第三，维持公司控制权。初始阶段进入企业的风投机构会参与企业的经营管理，改变企业内部的经营理念和方法，使整个企业能够更加规范化以及合理化。风投机构和企业原始股东的利益不一致，风投机构是希望更快推动企业上市，企业原始股东是渴望公司能够获得巨大成功，实现理想和抱负。二者有矛盾就会有冲突，所以拟上市公司更愿意引进"快进快出"型风投机构来获得对企业的绝对控制权。

二 被动机会主义行为表现

企业引入"快进快出"型风险投资的机会主义行为，从被动性来看，可以分为以下几个层面。

第一，高昂的资金成本。在整个IPO进程中，拟上市公司需要耗费大量的资金成本。特别是在审核制度过会率极低的情况下，拟上市公司面临着巨大的风险，企业能否IPO成功具有很大不确定性，一旦公司的IPO申请失败，公司所需要承担的成本则是高昂的。在高昂的资金成本的环境下，公司只能通过选择风投机构来共同承担风险以及成本。

第二，高昂的时间成本。在核准制下，拟上市公司需要通过IPO来上市，必须获得证监会的审核通过。公司将会花费大量的时间去排队等待审核，无疑给拟公司带来较高的时间成本。在高昂的时间成本大环境中，公司为了舒缓自身的压力，引进风投机构。风投机构利用自身的优势加快整个 IPO 的耗时，极大削减了拟上市公司面临的时间成本。

第三，高昂的机会成本。IPO 审核的低过会率使拟上市公司面临着巨额的机会成本。严格的审核制度成为大多数拟上市公司的拦路虎。一旦未通过证监会审核，就意味着拟上市公司需要付出更多的时间和金钱来准备下一次审核，这笔机会成本是相当可观的。

三 原环境（核准制下）机会主义行为表现

企业引入"快进快出"型风险投资的机会主义行为在旧环境中可以分为以下几个层面。

第一，提高企业过会率。核准制下，企业要通过 IPO 上市十分困难。证券监管部门对拟上市企业会进行严格的审核，对拟上市公司进行价值判定，只有符合了相关要求，企业通过了 IPO 审核才可以进行首发上市。风投机构可以利用自身丰富的资本运作经验，提高上市公司过会率。

第二，缩短拟上市企业 IPO 耗时。证券监管部门因为能力和人手的限制，每年能够审核的拟上市企业数量是有限的。拟上市企业需要排队等候 IPO 审核，审核的过程中也会有很大概率被否决。风投机构利用自己的人脉为公司找到优质的券商、律师事务所以及会计师事务所，优质的中介机构将会使企业 IPO 的整个流程事半功倍，减少企业的 IPO 耗时。

第三，对上市公司后续的企业价值以及盈利能力带来负面效应。"快进快出"型风投机构通常无法对企业的经营活动进行深层次的了解，无法积极参加被投资企业的营运过程，无法切实帮助拟上市企业释放出成长潜力，只靠着关系以及资本运作达到上市的目的。这样揠苗助长的行为将会损害上市公司的市场价值以及盈利能力。

四 新环境（注册制下）机会主义行为表现

企业引入"快进快出"型风险投资的机会主义行为在新环境中可以分为以下几个层面。

第一，减少上市成本。注册制下政府部门依旧要对拟上市公司提交的材料进行形式上的审核。有关部门会对拟上市公司进行形式上的审核，审核的问题以及审核的流程仍然存在，同样也存在通过率和审核耗时。企业同样会引进风投机构来减少时间成本。

第二，获得足够的募集资金。在注册制的大背景下，投资者具有更多的选择。证券监管部门不再对拟上市公司进行价值判定，风投机构很可能成为在普通投资者眼中第三方"认证机构"。普通投资者对于上市公司的价值判断可以根据是否有风投机构来进行判断。并且风投机构进入上市公司的时间越近，这种"认证功能"效果将会越大。

第三，侵占普通投资者利益。在新环境中，拟上市公司引进"快进快出"型风投机构是为了利用其带来的"认证价值"而募集更多的资金。虽然换了一种方式，但是两者的根本矛盾并没有发生较大的变动，风投机构仍然希望能够通过套现来获得大量收益。在风投机构撤离后企业业绩同样会大幅下降，因为两者之间根本的矛盾并没有因为注册制的实施而解决，上市公司的大股东和风投机构依旧会通过大量减持套现获得巨额的报酬，普通的中小投资者依然会承担巨额的亏损。

第三节 风投机构进入与 IPO 公司机会主义行为实证分析

一 研究现状、理论分析与假设提出

风投机构兴起于 20 世纪 60 年代，随着风险投资的影响力不断扩大，风投机构对企业的发展影响成为学者研究的重点。上市公司在核准制下，需要通过严格的审核才能够发行。风险投资在 IPO 过程中会产生一定影响。风险投资对于企业 IPO 的影响大致分为正面的积极假说以及负面的"逐名动机假说"。正面积极假说主要包括"监督假说"、"认证假说"以及"增值假说"等。"监督假说"是指风投机构可以作为独立的第三方"监管机构"积极参与公司内部经营和治理

(Chemmanur and Loutskina, 2005)。因为风投机构并不属于公司的原始股东以及高管,它的参与是独立存在的,风险投资可以有效地对公司进行监督,通过提高会计信息质量以及降低盈余管理来帮助企业发展。"认证假说"认为风投机构在入驻被投资公司前会对其进行筛选(Sahlman, 1990)。风投机构会在许多需要资金的企业中进行筛选,一般会选择经营情况良好以及发展前景好的公司。创业企业在上市之前同资本市场经常性参与者并没有建立良好的沟通渠道,被投资企业需要第三方的"认证",加深和市场经常性参与者的联系。"监督假说"和"认证假说"可能同时存在于上市公司,促进上市公司良好的成长。"增值假说"主张风投机构会给创业公司带来增值服务(Hellmann, 2002)。风投机构凭借自身资本运作经验以及社会资源的优势,可以通过积极参与公司经营管理,深入了解公司内部运作,改善公司的经营策略,切实帮助公司释放成长潜力,提升整体市场竞争力。李九斤等(2015)的研究表明,被投资企业的表现随着风投期限的变长而更好,风投机构给企业带来的正面积极效应可以帮助企业快速提升实力,尽快达到上市的目的。

近年来,由于创业板上市的"三高"现象,风投机构通过支持企业首次公开发行成功并退出而实现高回报。但面对不可多得的发行机会时,相当数量的拟上市公司仍然会用明显少于首次公开发行市盈率的价格将风投机构引进来(在改制前后)。创业公司在初始建立阶段会因为资金的缺乏,希望引入风投机构的支持。而拟上市公司在改制前后已经处于稳步发展阶段,企业自身盈利能力较强,对于资金的需求度并不高,所以在改制前后因缺乏资金而引入风投的概率不高。风投机构所带来的正面积极效应都是需要时间作为必要条件的。拟上市公司在改制时引入风投机构,此时引入的风投机构在企业内时间并不足以给企业带来增值服务,不能够切实帮助企业释放生长潜力。风投机构一贯是通过推动创业公司上市来获得高额回报率,其在 IPO 整个过程中具有丰富的经验以及人脉。风险投资公司可以成为创业企业和政府相关部门之间的桥梁,可以帮助各项指标更加规范化,提高企业的审核通过率,由此我们提出以下假设。

H6-1：风投机构进入可以提高企业的 IPO 审核通过率。

核准制下，证券监管部门会对上市公司进行价值判定，公司首发上市之前必须经过证监会的审核。证监会的审核流程整体较为复杂且漫长，因为监管部门不仅需要对拟上市公司的申报文件进行规范性检查，也会对拟上市公司实际价值进行判断。每年申报的拟上市公司数量众多，监管部门审核的公司数量有限，大量公司在排队等待审核。面对审核通过的不确定性，拟上市公司缩短 IPO 耗时是减少时间成本的最佳选择。风投机构通过推动企业成功上市来获得高额的收益，其在 IPO 的流程中经验和人脉都十分丰富。企业在改革之后需要聘请中介机构（证券公司、会计师事务所等）来对拟上市公司进行辅导。优质的中介机构可以加快整个 IPO 流程，提高整改效率以及整改结果。在改制初期，风投机构可以利用其丰富的人脉资源为上市公司介绍优质的中介机构，在上市辅导、准备申报材料甚至是监管部门审批的过程中提高效率。这样在整个 IPO 的流程中可以帮助企业减少时间成本，由此我们提出以下假设。

H6-2：风投机构进入可以缩短 IPO 耗时。

"逐名动机假说"提出风投机构进入创业公司最主要的动机是推动拟上市公司成功上市，建立属于自己的声誉以及获得巨额的投资回报（Lee and Wahal，2004）。在风险投资时间较短的情况下，机构成立时间相对较短且市场收益率相对较高时，风投机构就有更大的可能性以首次公开发行的方式退出（方红艳、付军，2014）。如果投资机构进行的并不是真正意义上的价值投资，仅仅是盲目追求通过推动企业成功上市获得高利益，那么从企业自身长远发展来看这并不乐观。当风投机构不能通过参与企业的内部治理来提升企业实力时，可能会利用自己丰富的资本运作经验来帮助公司实现短期的实力提升。为了能够达到上市公司的标准而盲目追求短期利益，终将反噬企业自身。逐名的风投机构不能够长时间地参与企业的内部治理，无法为企业提供真实的价值提升，其参与度和监管力度都不足以促进企业价值提升。企业自身价值必然会随着风投机构的撤离而下降，所以具有风险投资支持的上市公司其后期的企业价值可能会出现反转。无风投机构支持的企业因为没有风投机构的"揠苗助长",企业将按照正常的发展路线成长,后期的企业价值相比之下会更好,由此我们提出以下假设。

H6-3:对于无风投机构进入的企业而言,有风投机构进入的企业在后期企业价值会较低。

蔡宁(2015)研究发现基于"逐名动机假说"的风投机构为了使拟上市公司通过证监会审核,会在首次公开发行前对拟上市公司采取向上的盈余管理行为。风投机构会为公司制造IPO前短暂的繁华,等到IPO解禁期一过,公司的业绩相对于没有风险投资公司的股东下滑幅度较大。企业自身会有属于自己的成长规律,没有任何成功是可以一蹴而就的。只要踏实地做好每个阶段应该达到的目标,企业的未来才可能有良好的发展。风投机构为了能够尽快缩短投资时间,加快建立声誉以及获得高报酬,促使公司提前上市。等到风投机构从企业中撤离,公司的业绩将会大幅下滑,公司内部大股东以及风投机构减持离开企业之后,巨额的亏损只能由普通中小投资者来承担。风投机构"揠苗助长"的行为很显然破坏了企业的可持续发展,风投的参与并未改变企业的经营实质,对其长期盈利能力没有任何实质性的帮助,甚至从长远来看对企业存在一定的危害,由此我们提出以下假设。

H6-4:对于无风投机构进入的企业而言,有风投机构进入的企业在后期企业盈利能力会更差。

二 研究设计

(一)样本选择和数据来源

风险投资的投资重心一直放在具有"三高"的创业板中。参考申泽宁(2018)的研究,选择公司上市后两年为节点来考察相关财务指标。本章选取2010—2016年所有向深圳证券交易所创业板申报上会的公司为研究对象。同时根据研究问题将所有样本分为申请样本和过审样本。申请样本是指在2010—2016年向深圳证券交易所创业板申请审核的所有企业,过审样本指的是在2010—2016年所有通过审核的企业。其中,申请样本用来探究H6-1和H6-2,过审样本验证H6-3和H6-4。对金融行业企业、数据缺失企业进行了剔除。

文中对于 IPO 时是否有风投机构进入，以及风投机构进入的时间和公司改制的时间是通过招股说明书或申报稿以及私募通 App 手工收集所得。IPO 是否通过审核等数据来源于 W 行业数据库，未通过发审委审核公司的相关数据是通过招股说明书或申报稿手工收集所得，其余数据均来源于国泰安 CSMAR 数据库。

（二）模型设定与变量定义

本章采取 OLS 回归分析方法，一共建立了 4 个模型。模型（6-1）采用了 Logistic 模型主要是探究创业公司通过发审委审核与风险投资入股之间的关系；模型（6-2）是讨论公司整个 IPO 耗时与风险投资入股之间的关系；模型（6-3）和模型（6-4）的构建分别用来研究风投机构的参股对企业上市之后的价值和盈利能力之间的关系。具体模型如下：

$$PASS = \beta_0 + \beta_1 VC + \beta_2 SIZE_{i,t} + \beta_3 TOA_{i,t} + \beta_4 ROE_{i,t} + \beta_5 LR_{i,t} + \beta_6 RP_{i,t} + \sum YEAR + \sum IND + \varepsilon \qquad (6-1)$$

模型（6-1）中，自变量 *VC* 为一个虚拟变量，当企业在申报时有风投机构参股进入则 *VC* 取 1，反之取 0。为验证 H6-1，我们采取了 Logistic 模型，因变量 *PASS* 指是否通过 IPO 审核，通过 *PASS* 取 1，反之取 0。根据前人研究，将公司规模（*SIZE*）、应收账款周转率（*TOA*）、净资产收益率（*ROE*）、流动比率（*LR*）、净利润（*RP*）、年度（*YEAR*）、行业（*INDUSTRY*）等作为控制变量。β_1 为正则表明风投机构入股有助于提高企业审核通过率，为负则表明风险投资入股抑制审核通过率。

$$TIME = \beta_0 + \beta_1 VC + \beta_2 SIZE_{i,t} + \beta_3 TOA_{i,t} + \beta_4 ROE_{i,t} + \beta_5 LR_{i,t} + \beta_6 RP_{i,t} + \sum YEAR + \sum IND + \varepsilon \qquad (6-2)$$

模型（6-2）中，自变量 *VC* 为一个虚拟变量，当企业在申报时有风投机构参股则 *VC* 取 1，反之取 0。一般将企业股改认为是 IPO 流程的开始，所以因变量 *TIME* 指上市公司股改日到 IPO 审核通过日的天数。根据前人研究，控制了公司规模（*SIZE*）、应收账款周转率（*TOA*）、净资产收益率（*ROE*）、流动比率（*LR*）、净利润（*RP*）、年

第六章 风投机构进入与 IPO 公司机会主义行为研究

度（YEAR）、行业（INDUSTRY）等变量。β_1 为正则表明风投机构入股和 IPO 的耗时是正相关，意味着风投机构入股会使整个流程花费更长的时间；为负则表明风险投资入股会减少 IPO 耗时，加快 IPO 进程。

$$TQ_{i,\,t+2} = \beta_0 + \beta_1 VC + \beta_2 SIZE_{i,\,t+2} + \beta_3 LEV_{i,\,t+2} + \beta_4 SALEG_{i,\,t+2} + \beta_5 CFO_{i,\,t+2} + \beta_6 BETA_{i,\,t+2} + \beta_7 EBD_{i,\,t+2} + \beta_8 TOP1_{i,\,t+2} + \beta_9 RP_{i,\,t+2} + \sum YEAR + \sum IND + \varepsilon \qquad (6-3)$$

模型（6-3）中，自变量 VC 为一个虚拟变量，当企业在申报时有风投机构参股则 VC 取 1，反之取 0。因变量 ROE 指上市公司 IPO 两年之后的 TQ 值，用来衡量企业价值。根据前人研究，控制了公司规模（SIZE）、主营业务收入增长率（SALEG）、资产负债率（LEV）、经营现金流（CFO）、风险指数（BETA）、股权制衡（EBD）、第一大股东持股比例（TOP1）、比例年度（YEAR）、行业（INDUSTRY）等变量。β_1 为负则表明风投机构参股和公司上市两年后的企业价值呈负相关，意味着风投机构 IPO 前持股对于企业两年之后的企业价值是有抑制的；即表明风投机构持股对企业的市场价值有抑制作用，反之则为促进作用。

$$ROE_{i,\,t+2} = \beta_0 + \beta_1 VC + \beta_2 SIZE_{i,\,t+2} + \beta_3 LEV_{i,\,t+2} + \beta_4 SALEG_{i,\,t+2} + \beta_5 CFO_{i,\,t+2} + \beta_6 BETA_{i,\,t+2} + \beta_7 EBD_{i,\,t+2} + \beta_8 TOP1_{i,\,t+2} + \beta_9 RP_{i,\,t+2} + \sum YEAR + \sum IND + \varepsilon \qquad (6-4)$$

模型（6-4）中，自变量 VC 为一个虚拟变量，当企业在申报时有风投机构参股则 VC 取 1，反之取 0。因变量 ROE 指上市公司 IPO 两年之后的净资产收益率，用来衡量企业盈利能力。根据前人研究，控制了公司规模（SIZE）、主营业务收入增长率（SALEG）、资产负债率（LEV）、经营现金流（CFO）、风险指数（BETA）、股权制衡（EBD）、第一大股东持股比例（TOP1）、比例年度（YEAR）、行业（INDUSTRY）等变量。β_1 为负则表明风投机构参股和公司上市两年后的盈利能力呈负相关，意味着风投机构 IPO 前持股对于企业两年之后的企业盈利能力是有抑制的；即表明风投机构持股对企业的盈利能力有抑制作用，反之则为促进作用。主要变量定义如表 6-1 所示。

表 6-1　　　　　　　　　主要变量定义

变量	名称	变量说明
PASS	是否通过审核	通过发审委审核取 1，反之取 0
VC	风投机构进入	风投机构入股取 1，反之取 0
SIZE	公司规模	公司净资产的自然对数
TOA	应收账款周转率	企业一定时期赊销净收入与平均应收账款余额的比
LR	流动比率	流动资产对流动负债的比例
ROE	净资产收益率	净利润除以股东权益平均额
RP	净利润	公司净利润的自然对数
TIME	IPO 耗时	公司股改日至审核通过日天数
LEV	资产负债率	企业年末总资产的增长额同年初资产总额的比
SALEG	主营业务收入增长率	主营业务收入对数的一阶差分
CFO	经营现金流	净现金流/总资产
BETA	风险指数	市场组合风险溢价和复权净值风险溢价计算的 β 值
EBD	股权制衡	第一大股东持股比例/第二到第五大股东持股比例
TOP1	第一大股东持股比例	企业第一大股东持股比例
TQ	企业价值	企业市值/资产

(三) 实证结果分析

1. 主要变量描述性统计

表 6-2 为 H6-1 和 H6-2 的主要变量描述性统计结果。可知，在申请样本中有风险投资入股进入的公司数量是 283 家，占总样本数量的 56.37%，说明风投机构对于创业板 IPO 的投资范围比较热衷，可以对一半以上拟上市公司进行投资。各项指标的均值显示，有风投机构进入的企业的公司资产规模以及盈利能力的均值都比无风投机构参与的企业高，发审委一般更看重的是企业的盈利能力，相比之下，有风险投资入股的企业盈利更好一些，这符合 H6-1。有风投机构的企业 IPO 的耗时均值会比无风投机构的耗时均值短，这符合 H6-2。

表 6-2　　　　　　　主要变量描述性统计结果

	申请样本				风险投资入股 N=283	无风险投资入股 N=219
变量	样本量	平均值	标准差	中位数	平均值	平均值
TIME	502	1487	2149	1147	1386	1618

续表

		申请样本			风险投资入股 $N=283$	无风险投资入股 $N=219$
SIZE	502	10.570	0.621	10.520	10.650	10.480
TOA	502	6.738	13.760	3.170	6.188	7.449
ROE	502	0.206	0.115	0.190	0.193	0.223
LR	502	2.931	2.467	2.140	3.016	2.823
RP	502	8.311	0.714	8.305	8.326	8.291

表6-3是H6-3和H6-4的描述性统计。可知，在过审样本中风投机构进入的样本量会比无风投机构进入的样本量更多，从侧面证明了风投机构的参股进入会提高申请样本的过审率。为了能够验证风险投资入股和企业后续的市场价值以及盈利能力的关系。我们参照了申泽宁（2018）采取上市公司上市两年后的财务数据为节点来分析的方法。从表6-3中我们将有风投机构进入和无风投机构进入的两组样本进行对比可以发现无风投机构进入的上市公司中的指标 TQ 以及 ROE 的均值都比有风投机构进入的高，表明风投机构进入对企业后续的企业价值以及盈利能力都有一定的损害。这符合我们的H6-3和H6-4。

表6-3　　　是否存在风投机构进入的描述性统计表

变量	过审样本				风投机构进入		无风投机构进入	
	样本量	平均值	标准差	平均值	样本量	平均值	样本量	平均值
TQ	429	2.121	1.698	1.826	261	2.051	168	2.230
ROE	460	0.069	0.221	0.162	277	0.050	183	0.098
SIZE	460	22.420	1.309	1.367	277	22.420	183	22.440
LEV	460	0.517	0.225	0.224	277	0.509	183	0.529
SALEG	451	0.158	0.525	0.416	270	0.186	181	0.117
CFO	460	0.037	0.088	0.088	277	0.032	183	0.044
EBD	458	0.626	0.195	0.203	275	0.615	183	0.642
TOP1	458	0.327	0.150	0.159	275	0.321	183	0.337
BETA	419	1.008	0.237	0.223	253	1.016	166	0.996
RP	258	0.261	0.178	0.158	142	0.260	116	0.262

2. 回归分析

如表 6-4 所示，本章在样本 1 中实现了两个假设的检验，模型 (6-1) 是检验风险投资的入股能否提高被投资企业的过会率。模型 (6-2) 是检验风险投资的入股是否能够缩短企业的整个 IPO 耗时，模型 (6-2) 采用样本 1 的原因是无论被投资企业是否通过发审委审核，风投机构帮助被投资企业缩短整个 IPO 耗时的贡献并不会因为没有通过审核而磨灭。也就是说，缩短 IPO 耗时和通过审核是平行的，在没有通过审核的企业中，风投机构也利用了其自身能力帮助被投资企业缩短 IPO 耗时。所以我们选择了样本 1 来进行回归。模型 (6-1) 中为了避免 Logitic 运行时出现完美预测而无法进行估计，将完美预测值进行删除后得到了 361 个样本量，在做固定效应时，以保持模型能够顺利地运行。模型 (6-3) 和模型 (6-4) 采用了样本 2 进行回归，证明在同等条件下（企业通过审核）的情况下，风投机构的参股和上市两年后的企业价值以及盈利能力的关系。回归结果如表 6-4 所示：模型 (6-1) 中，β_1 显著为正，意味着风投机构的进入能够给企业提高过会率；模型 (6-2) 中 β_1 显著为负，表明风投机构的进入可以帮助企业缩短 IPO 整个流程，至此样本 1 和样本 2 都得到了证明；模型 (6-3) 中，β_1 显著为负，说明有风投机构进入的上市公司其后续的企业价值相较于没有风投机构支持的上市公司更弱，说明风投机构的进入会抑制上市公司后续的企业价值，验证了 H6-3；模型 (6-4) 中，β_1 显著为负，说明有风投机构进入的上市公司其后续的盈利能力相较于没有风投机构支持的上市公司更弱，说明风投机构进入会抑制上市公司后续的盈利能力，H6-4 得到验证。

表 6-4　　　　　　　　　　主回归结果

变量	样本 1 模型 (6-1) PASS	样本 1 模型 (6-2) TIME	变量	样本 2 模型 (6-3) TQ	样本 2 模型 (6-4) ROE
VC	1.5906*** (3.98)	-190.7989* (-1.91)	VC	-0.5578** (-2.25)	-0.0491** (-2.21)

续表

变量	样本1		变量	样本2	
	模型（6-1）	模型（6-2）		模型（6-3）	模型（6-4）
	PASS	TIME		TQ	ROE
SIZE	0.5949	117.2322	SIZE	-0.0269	-0.0019
	(1.10)	(0.79)		(-0.26)	(-0.20)
TOA	0.0245	2.5716	LEV	-0.9078	0.0482
	(1.04)	(0.64)		(-1.42)	(0.91)
ROE	2.2600	-769.5890	SALEG	-0.1920	0.0287
	(0.73)	(-0.94)		(-0.82)	(1.37)
LR	-0.0649	-13.5833	CFO	1.1058	0.1228
	(-0.82)	(-0.59)		(0.78)	(0.92)
RP	-0.6391	-25.4324	EBD	1.6612*	-0.1201
	(-1.14)	(-0.17)		(1.91)	(-1.53)
			TOP1	-1.7755	0.0571
				(-1.54)	(0.55)
			RP	-0.9197	
				(-1.22)	
			BETA	-1.3940**	
				(-2.13)	
_cons	0.9912	46.5150	_cons	3.7898	0.2498
	(0.26)	(0.04)		(1.56)	(1.18)
YEAR	控制		YEAR	控制	
INDUSTRY	控制		INDUSTRY	控制	
N	361	502	N	227	448
伪r2	0.1954	0.2494	r2	0.1235	0.0613

注：（1）***代表1%水平下显著；**代表5%水平下显著；*代表10%水平下显著。
（2）括号内为T值；其中Logistic回归系数括号内为Z值。

3. 稳健性检验

（1）Heckman二阶段回归。由于风投机构的参股进入和企业通过审核以及企业的IPO耗时之间可能存在内生性，故选择Heckman两阶段回归模型来解决上述问题。借鉴曾庆生等（2016）的做法，同时结合数据的可得性，选取了上市公司当年所在省或者直辖市中含有风险投资的上市公司占该地区全部上市公司的比例作为 VC 的工具变量。一般而言区域内的上市公司风险投资入股比例会影响风险投资是否参股，但是区域内上市公司风险投资入股比例并不影响该公司是否通过审核以及该公司 IPO 的耗时。在第一阶段采用了上市公司当年所在省份中含有风险投资的上市公司占该地区全部上市公司的比例，以及模型（6-1）中的控制变量刻画了上市公司被风险投资的 IMR；第二阶段将 IMR 纳入模型（6-1）和模型（6-2）中重新进行回归。其中，第一阶段的模型如下：

$$Probit(VC) = \beta_0 + \beta_1 VCUP + \beta_2 SIZE_{i,t} + \beta_3 TOA_{i,t} + \beta_4 ROE_{i,t} + \beta_5 LR_{i,t} + \beta_6 RP_{i,t} + \sum YEAR + \sum IND + \varepsilon \quad (6-5)$$

从表 6-5 中的第一阶段回归结果来看，发现 VCUP 和 VC 之间高度正相关；第二阶段的两组回归中，在控制了内生性问题后，风投机构进入和公司过会率依旧显著正相关，风投机构进入和公司 IPO 耗时依旧显著负相关。这表明在考虑了内生性问题后，上文结论依旧成立。回归结果稳健。

表 6-5　　　　　　　　　Heckman 稳健性估计结果

变量	模型（6-5）第一阶段 VC	变量	模型（6-2）第二阶段 PASS	模型（6-3）第二阶段 TIME
VCUP	0.746** (0.369)	VC	1.667* (0.887)	−8339* (4349)
SIZE	0.0542* (0.0310)	SIZE	0.00945 (0.0601)	842.0*** (294.5)
TOA	−0.00164*** (0.000452)	TOA	0.000520 (0.00167)	−17.29** (8.187)
ROE	0.0184** (0.00785)	ROE	−0.0229 (0.0225)	175.6 (110.5)
LR	0.0281*** (0.00802)	LR	−0.0249 (0.0298)	235.8 (146.3)

续表

变量	模型（6-5）第一阶段 VC	变量	模型（6-2）第二阶段 PASS	模型（6-3）第二阶段 TIME
RP	-0.0483**	RP	0.0405	-668.2***
	(0.0209)		(0.0510)	(249.9)
_cons	0.150	_cons	-0.581	2685
	(0.339)		(0.691)	(3388)
样本	701	样本	701	701
r2	0.060			

注：（1）***代表1%水平下显著；**代表5%水平下显著；*代表10%水平下显著。
（2）括号内为T值。

（2）替代被解释变量。为了对模型（6-3）和模型（6-4）进行稳健性检验，将TobinQ值的计算方式更改为市值/（资产总计-无形资产净额-商誉净额），将净资产收益率替换为资产收益率，得到表6-6中的结果。由表可知风投机构进入与两年后的TobinQ值以及资产收益率都显著负相关，这和原结论没有实质性区别，表明实证结果稳健。

表6-6　　　　　　替换被解释变量稳健性回归结果

变量	模型（6-3） TQ	模型（6-4） ROA
VC	-0.8043**	-0.0138**
	(-2.36)	(-2.10)
SIZE	-0.0010	0.0190***
	(-0.01)	(6.75)
LEV	-1.4132	-0.1948***
	(-1.61)	(-12.35)
SALEG	-0.1077	0.0288***
	(-0.34)	(4.62)
CFO	0.9948	0.1481***
	(0.51)	(3.73)

续表

变量	模型（6-3）	模型（6-4）
	TQ	ROA
EBD	2.8371**	-0.0195
	(2.37)	(-0.83)
TOP1	-2.9067*	0.0353
	(-1.83)	(1.13)
BETA	-2.1401**	
	(-2.38)	
RP	-1.2075	
	(-1.17)	
_cons	4.0287	-0.2860***
	(1.21)	(-4.55)
YEAR	控制	
INDUSTRY	控制	
样本	227	448
r2	0.1280	0.4140

注：（1）***代表1%水平下显著；**代表5%水平下显著；*代表10%水平下显著。（2）括号内为 T 值。

（3）删除2003年以前上市公司样本。部分上市公司在2000年以前就开始改制并筹备上市，但是创业板的推出晚于大众预期时间。有许多上市公司在创业板推出之前就已经经历了漫长时间的等待，所以我们将股改早于2003年之前的上市公司进行删除，这样使企业的 IPO 耗时更具可比性。再次回归后发现研究结论不变，结果稳健（见表6-7）。

表6-7　　　　　　　　剔除样本稳健性估计结果

变量	样本1		变量	样本2	
	模型（6-1）	模型（6-2）		模型（6-3）	模型（6-4）
	PASS	TIME		TQ	ROA
VC	1.5696***	-138.97**	VC	-0.828**	-0.0478**
	(3.77)	(-2.38)		(-2.29)	(-2.00)

续表

变量	样本 1		变量	样本 2	
	模型（6-1）	模型（6-2）		模型（6-3）	模型（6-4）
	PASS	TIME		TQ	ROA
SIZE	0.4736	25.8580	SIZE	0.0181	-0.0002
	(0.86)	(0.30)		(0.12)	(-0.02)
TOA	0.0258	1.5750	LEV	-1.3378	0.0303
	(1.05)	(0.70)		(-1.39)	(0.51)
ROE	2.3679	-205.6865	SALEG	-0.0812	0.0319
	(0.76)	(-0.44)		(-0.24)	(1.44)
LR	-0.1169	-8.4988	CFO	0.4117	0.0863
	(-1.44)	(-0.63)		(0.20)	(0.61)
RP	-0.5975	-70.7807	EBD	2.8401**	-0.1228
	(-1.05)	(-0.82)		(2.26)	(-1.46)
			TOP1	-3.487**	0.0636
				(-2.10)	(0.57)
			RP	-1.133	
				(-1.03)	
			BETA	-2.137**	
				(-2.27)	
_cons	1.8206	1049.2303	_cons	3.7664	0.1907
	(0.46)	(1.44)		(1.05)	(0.80)
YEAR	控制		YEAR	控制	
INDUSTRY	控制		INDUSTRY	控制	
样本	331	461	样本	207	412
r2	0.1917	0.4543	r2	0.1288	0.0643

注：（1）***代表1%水平下显著；**代表5%水平下显著；*代表10%水平下显著。
（2）括号内为 T 值；其中 Logistic 回归系数括号内为 Z 值。

（四）实证研究小结

通过文献分析以及实证研究，发现风投机构的进入确实可以加快企业 IPO 进程，提高 IPO 过会率。有风投机构进入的上市公司其后续的盈利能力以及企业价值相较于无风投机构进入的上市公司更弱一些，说明风投机构的参股会抑制上市公司后续的企业价值以及企业发展能力。通过描述性统计可以得知，在过审样本中有风投机构进入的样本量远远高于无风投机构进入的样本量。对于拟上市公司来说，资金需求在公司股改时引入风投机构的概率很小，因为股改前后企业的盈利能力以及竞争力都处于中上水平，不缺资金。唯一的可能就是拟上市公司希望借助风投机构的能力提高过会率以及缩短 IPO 耗时。实证结果也说明，风投机构持股可能会抑制上市公司后续的企业价值以及盈利能力。企业未来的成长性可能会因为风投机构盲目追求短暂"利益"有所削弱。由于信息不对称的存在，当风投机构撤离时，企业可能会迎来"业绩变脸"，而最终的亏损弥补者无疑是普通中小投资者。

  对企业而言，应在最开始制定好相应阶段的目标，踏实走好规划的道路，未来能够带来的回报不是眼前这短暂的"利益"所能相比的。一个成功的企业不仅仅是为创始人带来经济利益，还能为社会的发展做出巨大的贡献。对于风投机构而言，不能仅依靠资本运作以及关系网链来推动企业上市，只有认真做好价值投资才能够创立属于自己的声誉。如果长期依靠投机来寻求利益，在风投行业内必然无法站稳脚跟，不能建立自己的声誉。对于普通中小投资者而言，务必抱有谨慎的投资态度，要学会质疑，要保持冷静的态度来面对投资的得失，相信风险和收益是并存的。

  当具有"投机"目的的风投机构被引入公司时，拟上市公司未来的成长性可能会受到影响。盲目追求短暂的利益必将得到反噬。过度的揠苗助长不利于企业自身发展，要在成熟的阶段执行合适的目标。只有当拟上市公司真正达到上市所需要的条件，风投机构踏实做好价值投资，保障交易的公平性，维护好普通中小投资者的相关利益，才能真正促进股票市场的发展和繁荣。

  注册制的新环境下，值得关注的是风投机构对于普通中小投资者的"认证功能"，处于信息劣势的中小普通投资者如果将风投机构的入股视为一种对上市公司的价值判断，可能会对中小普通投资者造成新的伤害。从实证的描述性统计来看，风投机构的参股会抑制上市公司后续的企业价值以及盈利能力，这说明存在一大批带有"投机"目

第六章　风投机构进入与 IPO 公司机会主义行为研究

的的风投机构活跃在市场中。普通中小投资者将风险投资视为"认证机构",那么这部分存在"投机"目的的风投机构可能会为了短暂的利益帮助上市公司获得更多的募集资金。当风投机构选择和上市公司绑定利益时,其认证功能将会消失。如果普通中小投资者无法独立地对公司价值进行判断,那么普通中小投资者可能会承担亏损。

第四节　风投机构进入与 IPO 公司机会主义行为案例分析

对于相当一部分初创期和扩张期的企业而言,资金的缺乏是硬伤,做企业价值投资的风投机构除了为企业注入发展所必需的资金,还会参与企业的经营,通过丰富的行业经验与创业资源参与公司的管理来实现对企业的增值,帮助企业快速步入正轨。而另一类动机不纯的风险投资机构则无法真正帮助企业改善内部经营状况,为了帮助企业更快上市而采取一些短视的机会主义行为。以下两个案例分别从不同目的的风投机构对企业产生的负面效应及正面效应来进行分析。

一　WS 公司案例分析

（一）WS 公司简介

WS 公司是创业板第一批发行上市的 28 家创业公司之一,上市之初就备受注目。WS 公司于 2009 年 10 月正式在深圳证券交易所挂牌上市,公司上市前两年的营业利润分别为 2973.39 万元和 4072.16 万元,呈现良好的上升趋势,可是公司 2009 年的年报中显示营业利润仅为 3789.82 万元,特别是 2009 年第四季度的主营业务利润为负。WS 公司在上市之后业绩不升反降,成为当年创业板中首家出现营业利润下降的公司。而该公司在 IPO 前存在大量的风投突击入股,所以我们以 WS 公司来展示风投机构的"快进快出"对于企业的业绩影响。

WS 公司创立于 2000 年,主营业务是互联网业务平台服务,包括向门户网站、网络游戏网站、流媒体网站等企业提供服务。WS 公司因具备过硬的技术和具有远见的市场安排布局，在行业处于领先地位。当时多家互联网巨头公司都是 WS 公司的顾客。在 2009 年，创业板第一批上市公司中就包括了 WS 公司，而创业板第一批上市公司都是从优秀企业中择优挑选出来的企业，其在上市前的高增长率博得一众好感，一时间该公司承载了很多的光环。WS 公司在深圳证券交易所创业板 IPO 上市时，以每股 24 元的发行价共发行了 2300 万只股票，市盈率高达 63 倍。可是 WS 公司在上市之后成为变脸最快的上市公司，2009 年 10 月上市后，在当年的第四季度就直接出现了亏损，WS 公司的快速"业绩变脸"引发了大众舆论以及深思。

分析发现截至 2009 年 12 月 31 日，WS 公司的前十大股东中有 5 家是风投机构（见表 6-8），其中深圳市某资本投资有限公司和深圳某创业投资管理有限公司分别位列第三大股东和第四大股东；深圳某某创业投资管理有限公司和浙江某创业投资管理有限公司为公司第七大股东和第八大股东；北京某投资有限公司是该公司的第十大股东。通过招股说明书发现，WS 公司在上市前一年通过增加资本扩大股东，新增加的股东分别是深圳某某创业投资管理有限公司、北京某投资有限公司、深圳某公司和浙江某创业投资管理有限公司共 4 家风投公司。这 4 家风险机构有 3 家在公司前十大股东名单内，深圳某公司以持股 1.920%跌落前十大股东名单，但是当时第十大股东北京某投资有限公司持股比例仅为 2.310%。除了以上提到的 6 家风投机构外，还有 2 家风投机构分别是深圳某集团和深圳某资本创投。WS 公司在上市之前就已经有 8 家风投机构的支持，其中突击入股的风投机构占一半。这为后面的上市"业绩变脸"埋下了伏笔。

表 6-8　　　　　　　WS 公司前十大股东持股比例

序号	股东名称	持股数（万只）	占总股本比例（%）
1	陈某	2360.52	26.02
2	刘某	1446.78	15.95
3	深圳市某资本投资有限公司	369.63	4.07
4	深圳市某创业投资管理有限公司	285	3.14

续表

序号	股东名称	持股数（万只）	占总股本比例（%）
5	彭某	253.83	2.8
6	储某	237.23	2.62
7	深圳市某某创业投资管理有限公司	230.99	2.55
8	浙江某创业投资有限公司	200	2.2
9	路某	195.25	2.15
10	北京某投资有限公司	156.43	1.72

资料来源：WS 公司首次公开招股说明书及 2009 年年报。

（二）财务分析

如图 6-1 所示，WS 公司在 2007 年以及 2008 年的营业收入分别为 1.193 亿元和 2.390 亿元，而 2009 年和 2010 年的营业收入为 2.870 亿元和 3.623 亿元。可以看出公司的营业收入上市之后稳步增长，但是公司的营业利润却增长缓慢。根据图 6-1 所示 WS 公司在 2007 年的营业利润为 2973 万元，2008 年营业利润为 4072 万元。可是在上市之后，营业利润并未随着营业收入的增加而增加，WS 公司在 2009 年和 2010 年的营业利润为 3790 万元和 3722 万元。WS 公司对于 2009 年以及 2010 年业绩不佳的现象进行了解释。WS 公司认为 2009—2010 年这两年国家对互联网企业进行了严厉整顿，导致许多网站关闭，公司流失了大量的顾客。在流失顾客的同时，WS 公司依旧对营销费用以及研发费用进行投入，所以导致 2009 年和 2010 年的业绩不佳。然而从业务发展角度来看，这两年公司的主营业务在行业中并没有较大的波动，不会对公司业绩产生这么大的影响。

根据 WS 公司 2009 年年报分析，WS 公司的互联网数据中心业务的营业收入当年仅达到 1.49 亿元，同上年相比减少了 1.12%，营业成本同上年相比提高了 8.43%；内容分发加速网络业务的营业收入与上年相比增加了 58.78%，可是当年的营业成本上涨了 65.06%。由此可知，公司的两大业务在 2009 年表现不佳，使公司的整体盈利能力直接下滑。

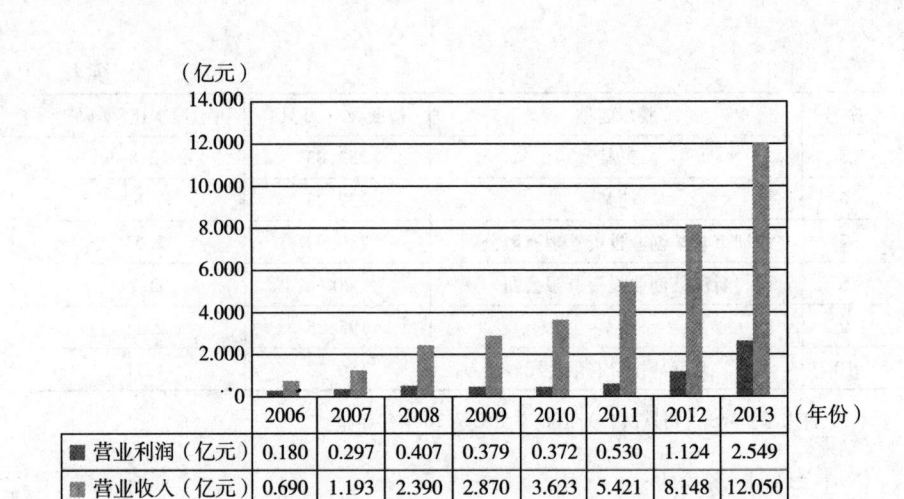

(年份)	2006	2007	2008	2009	2010	2011	2012	2013
营业利润（亿元）	0.180	0.297	0.407	0.379	0.372	0.530	1.124	2.549
营业收入（亿元）	0.690	1.193	2.390	2.870	3.623	5.421	8.148	12.050

图 6-1　WS 公司营业收入和营业利润

资料来源：WS 公司 2006—2013 年年报。

风投机构和高管持续套现。WS 公司总经理于 2010 年 3 月宣布辞职，同时还有 2 名独立董事离职。媒体报道称总经理是由于不堪业绩压力而离职。WS 公司邀请他加入公司主要是看重其互联网出身加创投背景，所以他最大的任务就是帮助 WS 公司成功上市。在他的领导下，WS 公司成功地从两家创投公司拿到 8000 万元的风投资金。WS 公司成功上市，意味着他的使命也随之结束。根据《中华人民共和国公司法》规定，董监高在职期间减持股份不得超过股票数量的 25%。而当时作为公司第五大股东的他持有占比 2.8% 的 253.83 万只股。其离职恰好能够使他在解禁日时不受 25% 的限制，可以尽快实现套现。公司的其他高管也纷纷进行了疯狂减持。在 2010 年 11 月 1 日迎来了首轮解禁，公司 5 名在职高级管理人员（不包括已离职的前总经理）中有 4 名都转让了近 25% 的股份。风投机构也同样开始了套现，其中深圳市某创业投资管理有限公司在股票交易平台抛售 153 万只公司股票，实现了套现意图。之前突击入股的风投机构现在快速进行了套现获利，其投机意图十分明显。

IDC 数据中心是 WS 公司的主营业务之一，基于互联网，为数据收集、存储、处理和发送的设备提供运行维护等相应服务。截至 2017

年，我国互联网数据中心服务市场规模总额为946.1亿元，与上年相比增加32.4%。我国的互联网数据中心服务市场正从高速发展期向成熟期过渡，客户也有着更加明晰的需求。因此，我国从事互联网数据中心服务的企业能否生存取决于其转型速度。在我国，中国电信和中国联通由于具有独立的大型运营商和覆盖全国的网络，因此它们在我国的互联网数据中心服务行业具有垄断地位，这个地位从短期来看并不会动摇。相应地，中国移动和广电网络也在建设互联网数据中心服务项目，一旦建成，留给上市公司以及民营企业的市场份额将会更少。同时互联网数据中心服务项目的建设在前期需要投入非常多的资金，而项目回款需要很长时间才能收到，从整体来看IDC数据中心并不过度追求技术含量、门槛不高、竞争日益激烈。所以前期WS公司基本是把工作重心放在了CDN（内容分发网络）业务上。由于具备过硬的技术和具有远见的市场布局，公司前期的CDN业务确实抢占了87%以上的CDN市场，一时间成为CDN市场的龙头。然而好景不长，多家互联网巨头企业很快就进军了CDN市场，内容分发网络服务市场竞争也愈加激烈。WS公司在内容分发网络服务领域的优势不再突出。

对WS公司的两大主营业务IDC以及CDN进行分析可知，WS公司并没有形成自己的核心技术。作为一家以高科技标榜的创新型企业，没有自己的核心技术，凭借着风投机构以及资本运作成功上市之后，市场将会给出考卷，而WS公司迟早都会交上这一份令人失望的成绩。WS公司并没有按照人们所希望的那样蓬勃发展的原因是公司一开始就没有形成核心技术，仅仅凭借着独有的CDN市场竞争优势以及风投机构的包装成功上市。WS公司上市之后，高管疯狂套现，风投机构公司的成功上市获得了巨大的回报，所有的亏损都是由市面上的中小投资者来承担。这种机会主义行为不仅损害了公司的长久发展也损害了普通投资者的利益。公司上市是为了得到更好的发展，获得更好的平台，不应该成为高管和风投机构获得利益的手段。

二　D公司案例

（一）D公司简介

D公司自进入电子商务（B2C）行业后，一直保持着高速增长。

2007年更名"D公司商城",在国内电子商务（B2C）市场以崭新的面貌繁荣发展。2008年6月,D公司实现了家电产品扩容,真正成为3C电子产品网上购物平台。2009年3月,D公司成为全国首家月销售额超过2亿元的电子商务公司。2013年,D公司注册用户超过1亿人。同年,创立了金融集团。2014年,D公司在美国正式上市,首日开盘价较发行价高14.5%,此后股票价格不断上涨。今天的D公司既是我国规模最庞大的电子商务公司,也是我国第三大互联网上市公司。

（二）R风投机构与D公司

2006年,D公司开始扩张,扩张需要消耗资金,可是当时的D公司只是一个小型创业公司,公司缺少资本。雪上加霜的是某集团约定的500万美元投资也因为某种原因而无望,一时间D公司陷入了资金短缺的困境。面对这样的困境,R风投机构雪中送炭给D公司投资了1000万美元,帮助D公司继续行驶扩张之路。当时的D公司仅仅处于起步阶段,公司整体规模较小,整个公司仅仅只有50多人。企业内部管理不规范,甚至连专门的会计人员都没有,R公司作为风投机构帮助D公司吸引了更多的高管人才,帮助D公司内部管理规范化。随着D公司的不断扩张与发展,公司在2008年又遇到了瓶颈期。2008年全球金融危机给互联网企业带来了寒冬,此时处于扩张期的D公司并没有过多的剩余资金支持其发展,此时D公司的订单数量激增,大多都是低价商品,出货速度十分缓慢,融资迫在眉睫,D公司再一次陷入了资金困境。R风投机构等共3家公司向D公司投资了2100万美元,从这时起D公司开始建立属于自己的物流服务。2008年的全球金融危机使D公司一跃成为自营电商的龙头。D公司形成了线上直销、线上支付、货到付款以及送货上门一体化的产业链。

2014年D公司正式在美国上市,R风投机构在D公司总投资1800万美元,以收盘价计算,R风投机构原先的1800万美元的投资现在高达25亿美元,投资回报139倍。而D公司本身随着上市的脚步也越走越强,上市之后股价一路上涨。然而R风投机构并没有选择在D公司IPO上市之后退出,R风投机构在2019年依旧持有D公司股份。因为好的风投机构并不仅仅为了投机，好的风投机构做的是价值投资。

（三）财务分析

D公司2009—2012年营业收入分别为27.91亿元、85.83亿元、211.29亿元、413.8亿元。而2009—2012年的净利润分别为净亏损1.03亿元、4.12亿元、12.84亿元和17.29亿元。公司在2013年的前三季度第一次实现营业收入由亏损转为盈利。与其他的上市公司不一样的是，D公司上市前一直处于亏损的状态。D公司一直在努力构建一个完善的电子商务业务链，D公司快递寄送的速度非常迅速，提供良好的服务并带来优质的客户体验，帮助D公司构建了属于自己的特点，差异化在竞争日益激烈的电商行业显得尤为重要。通过观察毛利率趋势（见图6-2）可以看出每年的毛利率都在增加，从2009年的4.8%一直增长到2013年前三季度的9.76%，近5年时间毛利率翻了一番。这是因为D公司构建了属于自己的物流，随着D公司物流费用的不断降低，D公司毛利率也不断地提高，从而缩小了亏损额度。2012年D公司正式进入金融行业，为平台的供应商提供金融服务。从此D公司平台的物流、采购、第三方客户以及买家之间实现了资金流转，资金压力得到了缓解；D公司向平台供应商提供了金融服务，也为D公司带来了可观的利息收入。D公司的利息收入从2011年的5600万元增长到2013年的3.44亿元（见图6-3、表6-9），这使得收入迅速增长，改善了D公司的利润率水平。D公司的运营数据显示，企业平台的活跃用户不断增长，2011—2013年前三个季度，活跃用户数量就从1250人翻了三番左右，而2013年前三个季度的订单数量达到21170万，交易净额为710亿元，相比2011年末交易净额上涨了164%，每单的物流费用业由2011年的23元降至14元。这些数据表明D公司的前期投入可以在后期收回，前期的一些基础建设是为后期的盈利做铺垫。受到资本的助力，D公司已建设一个完整的业务链，每年的增长率都很高；随着不断完善物流和信息系统，其运营效率同样在电子商务行业中遥遥领先，这样的企业暂时的亏损并不影响其市值。

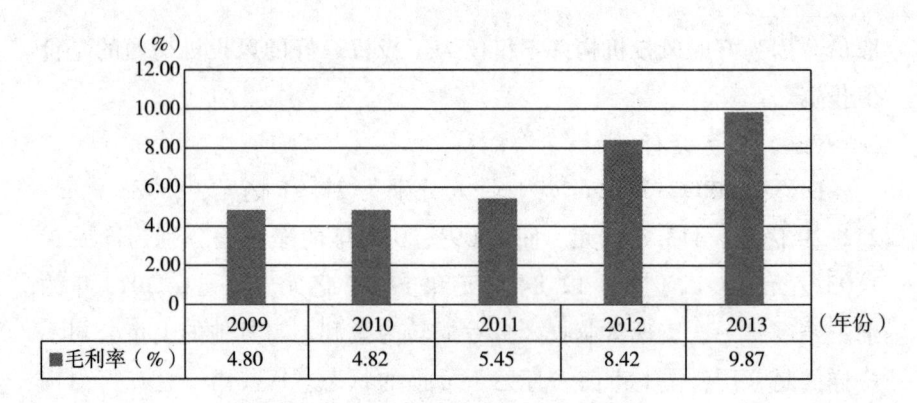

年份	2009	2010	2011	2012	2013
毛利率（%）	4.80	4.82	5.45	8.42	9.87

图 6-2　D 公司 2009—2013 年销售毛利率

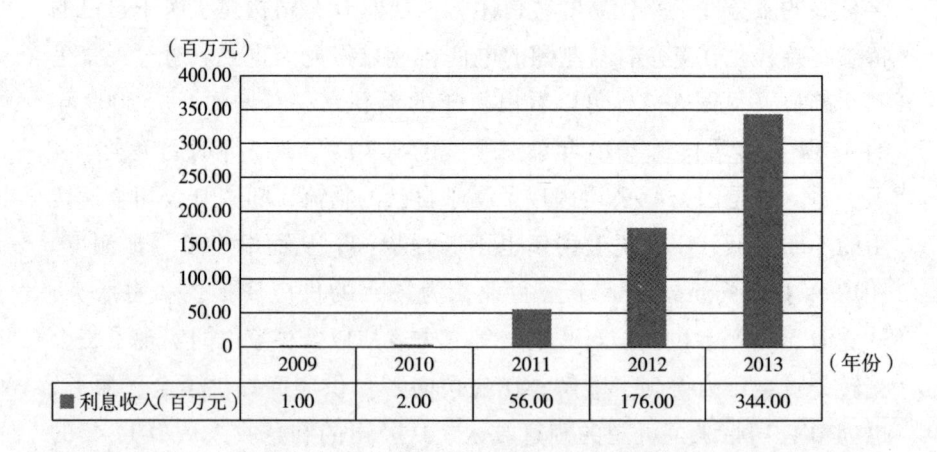

年份	2009	2010	2011	2012	2013
利息收入（百万元）	1.00	2.00	56.00	176.00	344.00

图 6-3　D 公司 2009—2013 年利息收入

表 6-9　　　　　　　D 公司各年度财务指标

指标	2009 年	2010 年	2011 年	2012 年	2013 年
营业收入（百万元）	2919	8583	21129	41381	69340
净利润（百万元）	-103	-412	-1284	-1729	-49.9
毛利率（%）	4.80	4.82	5.45	8.42	9.87
利息收入（百万元）	1	2	56	176	344

资料来源：2009—2013 年 D 公司年报。

（四）D 公司核心竞争力分析

D 公司之所以能够在竞争激烈的电商行业中脱颖而出，其根本原因在于 D 公司懂得利用市场的变化来迎合消费者的用户需求，在竞争中树立差异化的品牌，进而从中取胜。D 公司是一家真正经营的公司，之所以上市是为了能够帮助企业更好地发展，使企业能够成为行业的佼佼者。最初的电商行业主要是以平台化的电商为主，顾客可以不用出门，仅仅单击鼠标就可以拥有价廉物美的商品。但是随着电商行业的发展，这种信息庞杂、假货横行的粗放式运营已经无法满足消费者需求。D 公司作为一个 3C 起家的公司，迅速把握住这一需求，采取了相应的措施。和一般产品不同，电子产品一般价格更高，顾客对购买到假货的忧虑就更高，而 D 公司把握住了这点，迅速地打造了差异化的品牌形象，以 100% 正品行货为切入点，快速树立其自身垂直化市场地位。2008 年，D 公司开始了大规模的融资计划，希望能够以低价促销的手段继续开拓市场，但是市场竞争越来越激烈，几家传统 3C 零售大佬也陆续加入这个行业，D 公司的差异化不再显著，D 公司开始转型做平台型电商，并开始发展自身的物流体系。当 D 公司将自身的物流体系搭建成功时，D 公司快递送货速度快，产品质量真、价格低、服务好等品牌形象将会在消费者心里树立。D 公司通过配送服务上的优势树立自身差异化的品牌形象，建立了属于自己的竞争优势。D 公司不断扩张、布局，从生态链到生态圈，D 公司目前已经有 D 公司商城、D 公司到家、D 公司无人货架、D 公司物流、D 公司金融等一系列子项目。D 公司的亏损是战略性亏损，这样的企业盈利只是时间问题，所以投资者才会对 D 公司进行投资。D 公司虽然连续在亏损，但是其市值却超过了 700 亿美元。

D 公司在 2006 年和 2008 年两次陷入了资金困境，因为 D 公司的发展战略势必要求 D 公司扩张，扩张时需要资金的支撑，对于一个小小的创业公司来说，资金断裂可以使得千里马被扼杀。风投机构就是伯乐，优质的风投机构善于发现和挖掘好的企业，D 公司对于 R 风投机构来说就是一匹难得的千里马。R 风投机构通过对 D 公司的投资获得了巨大的收益，而 D 公司在遇见 R 风投机构之后，不仅解决了资金困难的问题,同时在 R 风投机构的帮助下大力引进人才,使企业不断做大、不断规范化。好的企业遇见好的风投机构,企业在资本的助力下不断成长,风投机构通过对企业的价值投资获得更多的回报,这才是真正的风投机构和创业公司的关系。

(五)案例总结与启示

WS 公司和 D 公司两个案例,从正反两面来讨论了风投机构对于企业的影响。相对于 WS 公司突击入股的风投机构,R 风投机构获得的回报丰厚得更多。一个优质的风投机构将会给企业带来很多的优势,而一个"投机"的风投机构将会损害公司的长久发展。风投机构和公司应当是相互扶持的关系,两者通过真正把企业做强来获得利润,而把企业做强不等同于把企业尽快推上市。WS 公司突击入股的风投机构占据了公司前十大股东的半壁江山,这些"投机"意识极强的风投机构迫切希望公司尽早上市,通过 IPO 成功退出公司,套现获得收益。如果风投机构进入公司一开始就不是为了帮助企业做强,只是尽快推动企业成功上市,再成功套现;那么企业就不能够得到风投机构真正的扶持,在不成熟的时机被风投机构推上市,未来发展着实堪忧。正如 WS 公司,作为高新技术企业代表却没有形成属于自己的核心技术,其主打的两个主营业务 IDC 和 CDN 因为没有太高的技术门槛很容易就被其他竞争者所取代。WS 公司在没有成熟的情况下,就被风投机构合力成功推上创业板。"业绩变脸"后被推上了风口浪尖,高管和风投拼命减持套现,一个可能有良好前景的企业就这样提前夭折在风投机构和高管的短视行为中。

R 风投机构则是真正做了价值投资。从初创期遇见 D 公司,在 D 公司扩张期继续给予帮扶,R 风投机构一直在帮助 D 公司成长。R 风投机构帮助 D 公司成为一个更加成熟的企业,帮助 D 公司建立属于自己的差异化品牌竞争优势,帮助 D 公司打造属于自己的生态圈。同样地,R 风投机构也并没有在 D 公司上市之后立刻减持自己所有的股份,2019 年底,R 风投机构依旧拥有 D 公司股份。R 风投机构看重的是企业未来的发展,看重的是长远利益。

将两个案例进行对比可以发现,市面上会有很多"不成熟"的企业希望通过成功上市获得更多的利益,相应地,也有很多"投机"的风投机构愿意帮助这样的企业更快上市。当只想"圈钱"的企业引进"投机"的风投机构,一旦企业成功上市,就会引发一系列不良后果。市面上的普通中小投资者将会深受其害,市场的秩序也会被干扰。因此,要鼓励真正做价值投资的风投机构和真正有梦想的公司合作。做企业价值投资的风投机构,一般会参与企业的经营,在企业初创期以及扩张期就会进入企业,通过资金以及参与公司的管理来实现对企业的增值。对于突击入股的风投机构,因为时间约束无法真正帮助企业改善内部经营状况,其通常为了帮助企业更快上市而会采取一些短视行为。这也是我们识别引进风投机构是否为企业机会主义行为的一种方式。

第五节 治理建议

一 现有治理相关文献概述

近年来,随着创新成为高质量发展的重中之重,众多相关研究逐渐聚焦于风投机构与企业创新的关系。张岭等(2021)的研究发现,风险投资的介入能够有效提高企业的创新绩效,一方面,政府效率能强化上述效应;另一方面,政府监管则对上述效应产生抑制作用,因而应适当放松对风险投资机构的监管并提高政府效率。姜双双和刘光彦(2021)的研究表明信息透明度对风险投资与企业创新意愿的关系能起到调节作用,该效应在民营企业样本中更加显著。金鑫等(2023)的研究表明众创空间与初创企业的策略选择以及服务和人员等因素都会对风险投资的投资决策产生不同程度的影响。因此,应构建惩罚机制以抑制初创企业的"搭便车"行为,并通过政府的有效激励以降低合作风险。此外,还需确定合理的利益分配比例以促成三方达成有效合作。

二 治理建议的提出

正如无法消除所有的机会主义行为一样,我们同样不能拒绝风投机构的进入，从某种意义上说，风投机构的进入助力了高科技新兴产业的发展，需要以客观冷静的态度分析引入风投机构的目的。从企业层面来看，企业应当树立良好的发展观，不能一味地追求短期利益而舍弃长期利益。短期利益并不能帮助企业很好地成长，时间一长必然反噬企业自身，不如从一开始就踏踏实实地一步步发展壮大。基于本部分研究的结论，提出以下治理建议。

（一）基于企业自律的角度

1. 企业须营造良好的内部氛围

企业文化是一个企业的核心与内涵，企业文化的建设也是企业发展的重要范畴。若想抑制 IPO 公司的机会主义行为和操纵，第一，企业应积极创造良好的企业文化氛围，激发企业管理团结的开拓进取精神、团结进取，形成具有企业凝聚力和向心力的管理团队，降低管理团队中成员为一己之私损害公司集体利益行为发生的概率和动机，确保企业健康、稳健和有序的发展。第二，培养企业内在的独立自主意识。一方面，企业需要熟练掌握相关的政策和资源，从本质上提升自身的核心竞争力及经营管理水平；另一方面，企业应有选择性地与风险投资机构进行合作，除关注对方的融资规模外，还应关注风投机构的各方面专业特色、投资策略、方案与投资周期等是否与企业自身需求相匹配，实现风投机构特质与企业自身特征的匹配才能让风投资机构真正发挥最大的效用。第三，上市公司应定期开展治理专项行动，通过股东大会及公司自查切实提高公司治理水平。培养风清气正、合规诚信的企业文化。

2. 提高管理层能力

企业的高层管理人员需要具备多方面的专业素养和技能。财务总监及财务经理应对宏观经济形势的变化具备一定的敏感性，及时预测公司在资金上可能面临的风险和问题，并通过采取适当的方式与董事会成员进行及时沟通，尽可能地权衡利弊，调整公司相关的决策和战略选择。而财务管理人员也应具备更高的财务管理能力和更扎实的财务管理功底，协助管理层完成较好的资金运作和成本管理，提高资金的使用效率。此外，其他部门的管理者，如销售部门、研发部门、行政部门和人事部门,都应不断优化自己能力。每个部门的管理者都有不可替代的功能,销售部门职能在于销售产品,制定销售策略,为企业增加营业收入。研发部门的管理者,要带领科研团队研发高科技产品,以提高企业的核心竞争能力。行政部门的管理者负责企业日常运行,如制定相关制度约束企业员工的不合理行为。人事部门管理者,则需要帮助企业招贤纳士,对企业的岗位进行安排,及时招聘人才补缺岗位。最主要的是,公司的董事也应具有一定的财务知识及企业业务相关知识,这样可以及时指出部门管理者的不合理行为。可见,企业各个部门的管理者都有其扮演的角色,只有当管理者能力达到标准或更高时,才能更好地服务于企业,助力企业价值提升和持续性经营与发展。

(二)基于外部他律的角度

1. 完善风投退出机制

为保障资本市场的长期稳定运行,证监会及相关政府部门应打击和惩罚上市企业和风投机构的"短视"行为和"短期"行为。虽然采取机会主义行动的是公司本身,但是企业上市过程中的制度漏洞,为资本市场利益相关者提供了短视和短期机会主义行为的空间,如"快进快出"型风投机构的机会主义风险。前文研究发现,"快进快出"型风投机构为了实现快速退出,可能忽视企业利益,采取损害企业经营和持续发展的机会主义操纵。因而打击"短视"行为和"短期"行为势在必行。

第一,政府可以对风投机构退出机制做一些硬性规定,可以对风投机构在公司 IPO 前持股天数设禁,确保风投进入是帮助企业提升经营管理、释放获利的有益机制。

第二,风险投资退出需要满足政府设定条件。对风投机构退出制定合理的解禁时间,规避仅仅利用资本运作来获得短期利益的风投机构和行为。

第三,政府构建完整完善的资本市场环境,通过开展投资推介会、创新成果转化会、项目路演会等活动加强风险投资与企业之间的合作,实现金融资本与科技创新资源的深度耦合,发挥资本市场服务实体经济发展的积极作用,从而更好地服务于创新驱动发展战略与高质量发展目标。

2. 提升风投机构专业能力

从风险投资机构的角度来说,风投机构通过投资优质的高科技企业以实现价值创造,但风投机构不能只为获取短期的暴力而存在,须注重以下几方面。

第一,风投机构须进一步强化自身的投后管理服务,为企业提供相应设备、搭建发展团队、扩展合作伙伴等增值服务内容,通过派驻董事、参与公司治理、完善运营制度等监督控制手段,帮助企业提高自身竞争力而分享胜利果实。

第二,风投机构要深耕重点行业,提升自身的行业经验、资源网络以及声誉水平。要拓宽投资网络,综合评估企业资质与创新能力等因素,战略性地选择联合投资,更要着眼于与企业长期的共同利益,对具有巨大成长空间的高科技企业进行更长期的辅导,从而更好地发挥行业专长。

3. 提高投资者理性

注册制意味着更加市场化,无论是机构投资者还是个人投资者,作为IPO市场的重要参与者,其对公司价值的判断、发行定价、投资决策及监督等行为都具有一定的影响。但是,如前文所述,大量投资者盲目地将是否有风险投资机构进入作为对IPO公司的认证标准。非理性投资者盲目"炒新、炒快、炒小",跟风交易,依赖小道消息投机交易,不仅扰乱资本市场秩序,也为IPO公司机会主义行为提供了便利。

第一,个体投资者应当正确评估自身风险承受能力,建立与之相匹配的投资观念,尊重市场、敬畏市场、理性投资。第二,投资者应自觉提升专业技能和知识。散户投资者若想继续通过炒股赚钱,就需要不断地学习,学习股票投资的相关信息,从公司的审计报告中提取有效信息以及学会分析公司重大事项等所代表的含义,等等。投资者只有不断学习知识,完善自己的知识体系,才能进行正确投资。

第六节 本章小结

　　风投机构也是企业外部利益相关者，风投机构在企业 IPO 阶段的进入会对企业产生直接影响。旧环境（核准制）下，企业希望通过引进"快进快出"型风投机构来加快自己的 IPO 进程，提高 IPO 过会率。风投机构也希望上市公司能够尽快上市，缩短投资周期。但是"快进快出"型风投机构为了能够推动企业尽快上市，盲目采取寻求短期业绩的行为，导致企业长期的成长性受到损害。新环境（注册制）下，风投机构会为企业带来"认证价值"，企业为了能够在上市公司数量暴增的情况下募集到更多资金，会主动引入"快进快出"型风投机构。可是无论是希望尽快上市还是募集到更多的资金，"快进快出"型风投机构能够为企业带来的仅仅是短期的繁华。风投机构由于在上市公司内部的时间有限，无法彻底了解企业的经营活动，无法帮助企业从根本上解决问题，帮助上市公司成长。当风投机构撤离上市公司时，上市公司会发生业绩变脸等一系列事件。公司内部大股东和风投机构可以通过减持套现获得大量收益后离开公司，但是市场上的普通中小投资者将会面临巨额的亏损，上市公司本身的经营也会面临困境。

　　通过 WS 公司和 D 公司两个案例发现，企业只有发展成熟，掌握了核心竞争力，才可以在资本市场上长久地生存，真正想要发展的企业上市目的在于更好地发展。对于不成熟的企业，被资本盲目推上资本市场之后，因为自身并未掌握核心竞争力，在资本撤退之后，"业绩变脸"是必然事件。

　　需要指出的是，引进风投机构并不全是不利的行为，风投机构对资本市场助力不可小觑。但是特定的时期，特定的环节，在利益的诱惑下，引进风投机构可能存在风险。为了企业更好地发展，可以在早期引入风投机构，在第三方的监督和帮助下，企业会慢慢地成长，稳步扩增。从社会层面来看，"快进快出"型风投机构追求眼前的利益，通过资本运作以及关系将公司推动上市。当风投机构从上市公司中减持套现时，市面的普通中小投资者将会面临巨额亏损，上市公司面临经营困境。从投资者层面来看，无论在旧环境还是在新环境下，投资者一定要保持足够的客观和冷静，避免受伤害的最佳方案是投资者成为一名理性的投资人，不可以因为风投机构带来的"认证价值"而陷入盲目的投资。

第七章

研究结论与展望

第一节 研究结论

注册制的实施,对市场和投资者提出了更高的要求,监管部门对于企业信息披露的要求越来越高,投资者和市场将面对海量的企业披露信息,但信息真实性和质量如何则需要投资者自行判别。在市场惩罚和法律法规逐渐完善和严格之前,IPO公司及内外部利益相关者可能利用制度和市场的不完善,进行违规行为和机会主义操纵。机会主义行为可能是机会主义主体为实现个人私利而直接导致企业消极经济后果的行为,也可能是即使短期内看似有益于企业的经营和发展,但长期效果不持续的行为。

本书以核准制下我国IPO公司可能存在的机会主义行为为研究基点,探索机会主义行为动机及表现,再推至注册制下,提出治理措施。本书以企业外部利益相关者及其与企业关系影响企业行为的广义机会主义为研究视角。具体而言,其包括企业政治关联、券商关联、风投机构进入三种企业外部利益相关者影响下的行为。

一 对机会主义行为动机的研究

本书从三种公司IPO期间可能存在的与外部利益相关者相关的机会主义行为角度,分别阐述了机会主义行为可能存在的动机,结合案例分析方法并基于核准制制度框架分析企业机会主义倾向和根源。

从资金性动机角度来看，短期内 IPO 机会主义行为将以企业顺利上市为导向，从而有益于缓解上市企业的融资约束状况，缓解外源融资的依赖程度，引入风险和成本更低的权益性融资渠道，合理化企业的资本结构，解决企业短期内的战术性资金短缺困境。而从长期视角来看，企业 IPO 阶段的机会主义行为终极目标是通过身份背书、关联性资源、资本市场的监管缺陷和信息不对称帮助企业顺利 IPO，以便获取"支持性补偿"和稳定的长期性收益，确保利益相关者长期共享收益和个人私利的实现。

从控制性动机来看，短期性（战术性）和长期性（战略性）控制动机都基于各种利益相关者为确保其利益而追求对企业绝对控制权。一方面，控制性动机可能与企业长期发展的愿景相统一，体现出"利益协同"导向，即企业的长远发展有益于利益相关者的长久性获利，企业及内部主体利用其经营控制权短期内改善企业经营状况；另一方面，长远的控制性动机也可能体现"利益背离"导向，机会主义主体为实现其控制和利益与企业发展和经营目标相左，损害企业的长远发展。由此可知，机会主义主体的行为在短期内可能有益于企业的发展，也可能损害企业的经营，然而机会主义的本质决定其是信息不对称下的寻机产物，具有短期属性，并非对企业经营管理的根本性改善。从长期来看，机会主义从根源上无益于企业稳健发展和持续经营。

二 对机会主义行为表现的研究

本书从广义视角，即外部利益相关者与企业关联视角，分别就三种企业 IPO 阶段（包括 IPO 前后）的机会主义行为的表现，结合理论阐述、实证检验和案例分析方法，基于大样本和小样本研究对象进行了详细的探索和深入的分析。

（一）企业寻租的机会主义行为（间接影响）：政治关联

政府的支持可能为企业发展提供良好的基础与引导。但优质政治支持并不是一项持续性的资源禀赋，企业如果寄希望于长期依赖政府支持，不注重自身发展，也不会获得长久的经营优势。只有将更多精力着眼于关注提升自身硬实力，才能为企业的可持续发展提供优质的源泉。

(二)证券中介机构影响下的企业机会主义行为(间接影响):券商关联

券商关联是企业与证券机构建立社会联系的重要社会资源。通过券商关联,证券机构更能够获取企业信息,进行精准价值评估,缓解外部投资者与企业的信息不对称。企业也能通过券商关联获取资源禀赋,实现融资约束缓解,获取信贷优势。本书发现,券商关联企业IPO后可能存在更严重的超额薪酬情况,且这种操纵主要通过资源禀赋渠道实现。券商关联企业能够利用社会关联吸引更多投资者的关注,从而合理化管理层高额的薪酬水平,最终加剧超额薪酬。同时,这种效应在管理层能力较高和高管管理持续性较低的企业中更为突出。因而,企业的确可能利用券商关联实现IPO阶段的超额薪酬获取。在核准制和注册制下,证券机构在资本市场中的作用越发重要,这种合谋性的行为并不能完全杜绝。因此,仍需要不断优化监管机构职能、抑制监管机构寻租和完善企业治理。

(三)风险投资影响下的企业机会主义行为(直接影响):风投机构进入

风投机构是企业上市前向企业提供资金支持和专业咨询帮扶的重要媒介。但风投机构作为理性经济人同样也会平衡收益和风险,尽可能地获取最大的经济利益。本书发现,风投机构能够为IPO企业提升过会率,降低时间损耗。但其也会寻求投资补偿,上市前有风险投资的企业上市后的盈利能力和企业价值显著更低、会计信息质量显著更差。说明"快进快出"型风投机构对于助力企业IPO的支持性行为在事后会要求机会主义的补偿。因而,"快进快出"型风投机构对企业并未发挥经营治理和助力发展的作用,其更倾向于利用短期对企业的资金爆发式支持实现其顺利上市的目的,并在最短时间退出企业实现资金套现。无论在核准制下还是在注册制下,谋求快速上市的企业均可能利用风投机构进入实现机会主义操纵。我国资本市场仍应优化相关政策规定,从治理层面规避这种"快进快出"式的机会主义行为。

三种机会主义表现说明,IPO过程中企业可能会利用社会资源和社会关联实现利己目的。这种机会主义行为既可能是以获取机会主义私利为目的，短期内有损企业经营发展的显性机会主义操纵；也可能是短期内看似有利企业经营和成长，但长期效应持续性不强且经济后果未知的隐性机会主义操纵。

三 对机会主义行为治理的研究

本书在对 IPO 阶段公司机会主义行为动机和表现分析的基础上，从企业自律和外部他律视角探讨了抑制 IPO 公司机会主义操纵的有效治理建议。政府和行业需要完善监管机制，结合法律、规范、行政监督等"强监管"手段，兼顾行业作用，调动证券中介机构、会计师事务所和媒体等外部监管效能。同时，不断优化企业自律"软监管"，提升内部治理效率和杜绝机会主义操纵。作为资本市场重要参与的投资者，在注册制转型下，要从被动、拿来主义的价值判断方式转变为主动、理性价值判断和交易决策，不断优化自身专业知识和技术、收集和处理广泛渠道的企业披露信息，实现从跟风投资者向价值投资者的转型。

在全面注册制的背景下，政府相关机构还需要进一步引导企业及利益相关方正确、深入地理解制度内涵。首先，证监会及政府相关部门须进一步深度解读全面实行注册制的制度安排、运行机制，通过讲解相关规章、规范性文件、自律规则，明晰各项制度特别是在发行交易、信息披露、公司治理、适当性管理等方面与改革前制度机制的差异，帮助投资者及时、准确理解全面实行注册制的制度要点。其次，做好投资者预期引导，帮助投资者客观了解全面实行注册制带来的投资机会和投资风险，助力全面实行注册制改革的平稳落地。最后，开展对注册制理念的宣传教育，通过对全面实行注册制的积极意义、主要思路、相关举措等的宣传，深化投资者对注册制内涵的理解，增进对全面实行注册制改革的认同，进一步树立理性投资、价值投资、长期投资的理念。

第二节 研究不足及展望

一 本书研究的不足之处

第一,本书的制度框架主要基于核准制度,再推导至注册制。科创板于 2019 年 6 月 13 日正式开板,时间尚短。截至 2021 年 9 月 30 日,科创板上市企业总计 341 家,其中 126 家为 2021 年上市企业。同时,由于财务数据的滞后性,限制了现阶段能够获取到的注册制企业样本。因此,本书在就注册制下的研究结论主要基于理论推导和分析。随着注册制的全面实施,研究数据将越来越充足。未来研究有待在数据逐渐充实的基础上持续开展。

第二,本书研究仅单独考虑了各种机会主义方式的表现、动机和影响。然而,资本市场实践中,机会主义行为并非单一排他行为,可能存在交叉、重叠,甚至综合应用的情况。因此,未来研究可进一步基于主体不同机会主义行为的策略选择和相互策略关系进行深入分析。

第三,企业 IPO 阶段的决策和经营势必是各方利益相关者博弈的结果,是一个相对比较复杂的过程。现阶段研究多基于不同机会主义行为主体动机及表现的分析。未来可进一步以企业内外利益相关者视角为出发点,探讨不同特征的利益相关者对 IPO 公司机会主义行为的异质性影响和具体的影响机制。

二 本书研究展望

党的二十大报告强调,坚持把发展经济的着力点放在实体经济上。当前,向外看,世界百年未有之大变局加速演进,新冠疫情加速了国际格局调整,各国围绕实体经济的竞争更加激烈;向内看,进入新发展阶段,我国高质量发展如若失去了实体经济体系的依托,无论是提升创新能力、实现科技自立自强,还是形成强大的国内市场,构建新发展格局,都将是无源之水、无本之木。实体经济是一国经济的立身之本、财富之源,高质量的资本市场将进一步对实体经济的发展形成有效助力。中国特色现代资本市场是国内市场经济体系中极其重要的一环,在坚定不移走中国特色金融发展之路的大背景下,融资功能完备、基础制度扎实、市场监管有效、投资者合法权益得到有效保护的多层次资本市场体系将持续优化。

健全资本市场功能,是资本市场全面深化改革的延续,是资本市场服务实体经济的基础。外部环境的不确定性明显增加,国际金融体系脆弱性仍在上升,各类衍生风险不容忽视。我国经济转向高质量发展阶段,经济体量稳步增长,但在全球经济风险隐患不断增加的大环境中,我国企业经营所面临的不确定性风险也在持续加剧。我国资本市场存量规模大、发展惯性和服务黏性强,在制度包容性、中介机构质量、投资者结构、法制诚信约束机制等方面仍存在不足,市场的理性投资、长期导向等文化理念仍需要进一步培育。在全面施行注册制的当下,我们需要不断深刻把握资本市场动态变化的规律、深化对于IPO公司的隐性机会主义行为的认知,结合实践加深对注册制下IPO公司机会主义动机及表现理解的广度,并从多个角度有针对性地对危害资本市场长期稳定运行的机会主义行为进行积极的治理。

一方面,对资本市场IPO企业机会主义行为研究的广度应进一步拓展。第一,当下资本市场行为性因素越发错综复杂,未来可进一步以企业外部利益者如中介机构合谋的视角、外部利益相关者社会网络及所处网络位置等特征为出发点,探讨不同特征的利益相关者对IPO公司机会主义行为的异质性影响和具体的影响机制。第二,立足构建新发展格局的要求,结合多层次资本市场体系的特色,未来可更有针对性地进行IPO企业机会主义的研究。以高科技企业不断涌入的"增量"科创板IPO企业、大盘蓝筹定位的主板IPO企业、服务于自主创新和其他成长型创业企业的创业板IPO企业、服务中小企业的新三板IPO企业为研究对象,根据不同各市场各板块的特点,对于其外部利益相关者与IPO企业的成长及上市特点,有针对性地对其IPO企业机会主义动机及表现开展研究。

另一方面,对资本市场IPO企业机会主义行为治理的研究广度应进一步拓展。第一,全球新一轮科技革命和产业革命的蓬勃发展,对经济结构、资本市场运作及企业管理等都产生了深远的影响。未来应进一步聚焦"数据让监管更智慧"的理念,加强对资本市场监管进行科技赋能的关注,加强对持续推进监管的智慧与效能,以大幅度提升市场监管设施的信息化进程、努力实现市场和行业关键信息设备的自主可控,使监管执法保障更加有力、更好地约束IPO企业机会主义行为方面的研究。第二,未来在治理方面的研究,应更加重视在资本市场的各业务领域和制度创新中进一步融入中小投资者保护的文化,深入探讨将理性投资、长期投资及价值投资等观念深植于投资者的理念中,以提高投资者风险防范意识的具体途径;在资本市场中建立风清气正的法治观念和契约精神,让市场对监管有明确预期的可行方法;加强相关制度的研究,努力促进注册制下的资本市场形成健康、透明、各方利益相互制衡的上市工作体系,进一步拓展IPO企业及利益相关者的资金来源,使投资端和融资端平衡发展以持续规范企业行为的详细路径,打造更加公平、健康、有韧性的资本市场。第三,未来在治理方面的研究应更加重视持续全面加强党的建设及全面从严治党的作用。对企业及利益相关各方持续加强政治建设、思想建设、组织建设、作风建设和纪律建设,推动资本市场体系党的建设纵深发展;对资本市场的参与主体全面加强纪检监察专责监督,相关部门应深入推进巡视监督、持续开展审计监督、严肃查处违法违纪行为。

参考文献

卞世博、阎志鹏：《"答非所问"与 IPO 市场表现——来自网上路演期间的经验证据》，《财经研究》，2020 年第 1 期。

蔡地等：《创业投资的治理作用：基于代理成本视角的实证分析》，《管理科学》2014 年第 3 期。

蔡宁：《风险投资"逐名"动机与上市公司盈余管理》，《会计研究》2015 年第 5 期。

蔡卫星、曾诚：《公司多元化对证券分析师关注度的影响——基于证券分析师决策行为视角的经验分析》，《南开管理评论》2010 年第 4 期。

曹畅、余福海：《政治关联与民营企业盈余管理关系的实证研究》，《预测》2020 年第 6 期。

曹婷等：《风险资本、投资期界与新上市企业并购——基于中小板与创业板企业的实证研究》，《财贸研究》2015 年第 6 期。

查博：《创业企业改变资金用途行为下的风险投资合约最大化》，《系统工程》2022 年第 5 期。

陈共荣等：《IPO 前盈余管理与抑价现象的实证研究》，《系统工程》2006 年第 9 期。

陈见丽：《风险投资能促进高新技术企业的技术创新吗？——基于中国创业板上市公司的经验证据》，《经济管理》2011 年第 2 期。

陈庆江等：《高管团队社会资本在数字技术赋能企业创新中的作用——"助推器"还是"绊脚石"？》，《上海财经大学学报》2021 年第 4 期。

陈思等：《风险投资与企业创新：影响和潜在机制》，《管理世

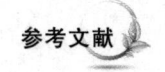

界》2017年第1期。

陈伟等：《跨境风险投资的投资选择和退出表现——基于不同投资模式的分析》2022年第4期。

陈溪、林铭：《港股借壳回归A股市场是最优策略吗》，《财会通讯》2019年第17期。

陈祥有：《我国A股发行公司IPO前盈余管理的影响因素实证研究》，《北京工商大学学报》（社会科学版）2009年第6期。

陈雨欣：《代理成本与机会主义行为——基于中央部门预算执行审计发现的经验证据》，《财会通讯》2020年第14期。

陈运森等：《民营企业发审委社会关系、IPO资格与上市后表现》，《会计研究》2014年第2期。

崔萌：《政治关联、媒体关注与盈余管理方式的关系研究》，硕士学位论文，华北水利水电大学，2018年。

党兴华等：《风险投资网络社群结构、信息传播与认知临近性》，《科研管理》2022年第3期。

邓建平、曾勇：《金融生态环境、银行关联与债务融资——基于我国民营企业的实证研究》，《会计研究》2021年第12期。

邓新明：《我国民营企业政治关联、多元化战略与公司绩效》，《南开管理评论》2011年第4期。

丁振松、齐鲁骏：《民营上市公司控制权转移、机构投资者与大股东掏空》，《管理现代化》2020年第2期。

董静、余婕：《风险投资地域经验与企业异地并购》，《经济管理》2021年第4期。

董静、汪立：《风险投资会影响创业企业战略选择吗？——文献评述与理论架构》，《外国经济与管理》2017年第2期。

杜勇：《高管政治资本、政府补助与亏损公司未来价值》，《商业经济与管理》2017年第5期。

樊纲：《制度改变中国：制度变革与社会转型》，中信出版社2014年版。

方红艳、付军：《我国风险投资及私募股权基金退出方式选择及其动因》,《投资研究》2014年第1期。

方军雄:《我国上市公司信息披露透明度与证券分析师预测》,《金融研究》2007年第6期。

冯琳:《股票发行询价制度下的合谋行为研究》,《商业研究》2017年第1期。

高惠等:《IPO发行制度与信息披露质量——基于保荐制实施与否的比较》,《中国管理科学》2015年第5期。

郭海星等:《承销商值得信任吗——来自创业板的证据》,《南开管理评论》2011年第3期。

郭泓、赵震宇:《承销商声誉对IPO公司定价、初始和长期回报影响实证研究》,《管理世界》2006年第3期。

郭思永、张鸣:《定向增发缘何演变成大股东获取控制权收益的工具?——基于驰宏锌锗案例的研究》,《南京审计学院学报》2013年第4期。

贺亚楠、张信东:《海归高管、政治关系与盈余管理》,《财经理论与实践》2018年第1期。

胡登峰等:《关键核心技术突破与国产替代路径及机制——科大讯飞智能语音技术纵向案例研究》,《管理世界》2022年第5期。

胡奕明、唐松莲:《独立董事与上市公司盈余信息质量》,《管理世界》2008年第9期。

黄昌弘等:《契约结构视角下股权激励对高管留存效应研究》,《财会通讯》2018年第23期。

黄顺武、余霞光:《IPO信息披露与监管的演化博弈分析》,《中国管理科学》2022年第6期。

黄一松:《政治关联程度、政治关联成本与企业税收优惠关系》,《江西社会科学》2018年第2期。

姜双双、刘光彦:《风险投资、信息透明度对企业创新意愿的影响研究》,《管理学报》2021年第8期。

蒋大兴、沈晖:《私人选择走向公共选择——摧毁"保荐合谋"的利益墙》,《证券法苑》2011年第1期。

颉茂华等：《反腐倡廉、政治关联与企业并购重组行为》，《经济学（季刊）》2021年第3期。

金鑫等：《众创空间、初创企业与风险投资的合作策略及投资决策研究》，《管理工程学报》2023年第2期。

孔东民等：《分析师评级与投资者交易行为》，《管理世界》2019年第1期。

李秉成等：《MD&A前瞻性信息能提升财务危机预测能力吗——基于信号传递和言语有效理论视角的实证分析》，《山西财经大学学报》2019年第5期。

李春涛等：《年报可读性与企业创新》，《经济管理》2020年第10期。

李纪琛等：《基于政府干预的创业投资生态系统三方演化博弈研究》，《软科学》2022年第8期。

李九斤等：《私募股权投资特征对被投资企业价值的影响——基于2008—2012年IPO企业经验数据的研究》，《南开管理评论》2015年第5期。

李善民等：《风险投资具有咨询功能吗？——异地风投在异地并购中的功能研究》，《管理世界》2019年第12期。

李维安等：《慈善捐赠、政治关联与债务融资——民营企业与政府的资源交换行为》，《南开管理评论》2015年第1期。

李星等：《"瞒天过海"：企业避税与大股东掏空》，《管理工程学报》2020年第4期。

李曜、宋贺：《风险投资支持的上市公司并购绩效及其影响机制研究》，《会计研究》2017年第6期。

林雁等：《政治关联企业环保投资决策——"带头表率"还是"退缩其后"？》，《会计研究》2021年第6期。

令华等：《个人收入分配比较研究》，华中理工大学出版社1995年版。

刘江会等：《我国证券市场承销商声誉与IPO企业质量关系的实证分析》，《财贸经济》2005年第3期。

刘井建等：《主承销商网络中心度与 IPO 报价修订——影响机制、询价扩容及异质效应》，《管理工程学报》2021 年第 5 期。

刘煜辉、沈可挺：《是一级市场抑价，还是二级市场溢价——关于我国新股高抑价的一种检验和一个解释》，《金融研究》2011 年第 11 期。

刘志云、史欣媛：《证券市场中介机构"看门人"角色的理性归位》，《现代法学》2017 年第 4 期。

柳建华等：《券商声誉制度环境与 IPO 盈余管理》，《管理科学学报》2017 年第 7 期。

卢锐：《管理层权力、薪酬与业绩敏感性分析——来自中国上市公司的经验证据》，《当代财经》2008 年第 7 期。

鲁清仿、陈光南：《政治关联丧失与审计质量——基于产权性质与法律监管的调节效应》，《财会通讯》2022 年第 3 期。

吕怀立、杨聪慧：《承销商与审计师合谋对债券发行定价的影响——基于个人层面的经验数据》，《审计研究》2019 年第 3 期。

罗宏等：《政府补助、超额薪酬与薪酬辩护》，《会计研究》2014 年第 4 期。

罗进辉：《媒体报道的公司治理作用——双重代理成本视角》，《金融研究》2012 年第 10 期。

倪昌红：《管理者的社会关系对企业绩效的影响研究》，经济科学出版社 2012 年版。

聂辉华、张雨潇：《分权、集权与政企合谋》，《世界经济》2015 年第 6 期。

潘越等：《信息不透明、分析师关注与个股暴跌风险》，《金融研究》2011 年第 9 期。

潘越等：《政治关联与财务困境公司的政府补助——来自中国 ST 公司的经验证据》，《南开管理评论》2009 第 5 期。

邵新建等：《中国新股发行中分析师合谋高估及其福利影响》，《经济研究》2018 年第 6 期。

申泽宁：《风投"快进快出"对企业绩效及成长性的影响——来

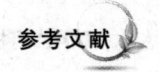

自 2009—2014 年创业板 IPO 的证据》,《上海管理科学》2018 年第 4 期。

宋贺、常维:《风险投资对企业并购决策的影响及作用机制》,《商业研究》2020 年第 2 期。

苏坤:《政治关联对公司股价崩盘风险的影响》,《管理评论》2021 年第 7 期。

谭松涛、崔小勇:《上市公司调研能否提高分析师预测精度》,《世界经济》2015 年第 4 期。

陶雄华等:《政治关联与上市公司盈余管理——来自民营上市公司的证据》,《产业经济评论》2018 年第 4 期。

田利辉、张伟:《政治关联和我国股票发行抑价:"政企不分"如何影响证券市场?》,《财经研究》2014 年第 6 期。

王军波、邓述慧:《上海和深圳证券一级市场比较分析》,《系统工程理论与实践》2000 年第 12 期。

王俊秋、倪春晖:《政治关联、会计信息与银行贷款成本——基于中国民营上市公司的经验证据》,《经济与管理研究》2012 年第 8 期。

王曦等:《风险投资机构网络位置对投资绩效影响的差异——专业化程度的调节作用》,《华东经济管理》2015 年第 2 期。

王跃堂、周雪:《管理层披露的信息可信吗?》,《经济管理》2006 年第 5 期。

王志强、刘星:《上市公司 IPO 盈余管理与其后期市场表现的实证分析》,《经济管理》2003 年第 18 期。

魏刚等:《独立董事背景与公司经营绩效》,《经济研究》2007 年第 3 期。

魏涛等:《非经常性损益盈余管理的动机、手段和作用研究——来自我国上市公司的经验证据》,《管理世界》2007 年第 1 期。

温军、冯根福:《风险投资与企业创新:"增值"与"攫取"的权衡视角》,《经济研究》2018 年第 2 期。

温忠麟等:《中介效应分析:方法和模型发展》,《心理科学进展》2014年第5期。

吴文锋等:《中国上市公司高管的政府背景与税收优惠》,《管理世界》2009年第3期。

吴友、董静:《风险投资与企业创新:效果评估与机制验证》,《上海经济研究》2022年第4期。

肖兴志、王伊攀:《政府补贴与企业社会资本投资决策——来自战略性新兴产业的经验证据》,《中国工业经济》2014年第9期。

许荣等:《中国IPO市场问题与监管机构有效性研究》,《金融监管研究》2013年第2期。

亚当·斯密:《国富论——国家财富的性质和起因的研究》,谢祖钧等译,中南大学出版社2003年版。

杨丹:《新股长期价格行为的实证研究——基于壳资源价值的假说和证据》,《财经科学》2004年第5期。

杨筠、宁向东:《政治关联、政府补贴与企业创新绩效》,《技术经济》2018年第5期。

杨文君等:《家族企业股权制衡度与企业价值的门槛效应分析》,《会计研究》2016年第11期。

杨晔等:《风投机构联盟网络演变与联合投资行为研究》,《科技进步与对策》2021年第20期。

姚震、郑禹等:《经济政策不确定性与企业融资约束——基于企业异质性与融资渠道的研究》,《工业技术经济》2020年第8期。

尹自永、王新宇:《IPO公司业绩变脸、承销商甄别和投资者认知》,《山西财经大学学报》2014年第4期。

余峰燕等:《股票承销市场中的个人社会关系研究——基于承销双方、承销团成员多重关系视角》2021年第6期。

余峰燕等:《具有行政背景的独立董事影响公司财务信息质量么?》,《南开经济研究》2011年第1期。

余明桂等:《政治关联、寻租与地方政府财政补贴有效性》,《经济研究》2010年第3期。

袁新敏、张海燕:《风险投资空间行为研究:基于金融地理学的视角》，企业管理出版社 2016 年版。

曾萍等：《社会资本、动态能力与企业创新关系的实证研究》，《科研管理》2013 年第 4 期。

曾庆生等：《风险投资入股、首次过会概率与 IPO 耗时——来自我国中小板和创业板的经验证据》，《管理科学学报》2016 年第 9 期。

詹雷、王瑶瑶：《管理层激励、过度投资与企业价值》，《南开管理评论》2013 年第 16 期。

张程等：《事前披露能够降低董监高减持的获利能力吗？——基于中国"减持新规"的实证检验》，《金融研究》2020 年第 3 期。

张多蕾、刘永泽：《民营企业存在盈余管理方式选择偏好吗——基于政治关联视角》，《财贸研究》2016 年第 4 期。

张岭等：《风险投资对技术创新绩效的影响研究——基于政府干预的调节作用》，《科技管理研究》2021 年第 3 期。

张杰等：《融资约束、融资渠道与企业 R&D 投入》，《世界经济》2012 年第 10 期。

张学勇等：《承销商与重返 IPO 表现：基于信息不对称的视角》，《经济研究》2020 年第 1 期。

赵洋、陈超：《金融中介职能、会计质量与债券违约风险——海龙短期融资券案例分析》，《技术经济》2016 年第 2 期。

赵宇恒等：《政治关联、高管激励与资本结构》，《管理评论》2016 年 11 期。

周云波、张敬文：《经理人股权激励可以提升企业价值吗？——来自我国 A 股上市公司的证据》，《消费经济》2019 年第 1 期。

Admati A. R., et al., "Large Shareholder Activism, Risk Sharing, and Financial Market Equilibrium", *Journal of Political Economy*, Vol. 102, No. 6, 1994, pp. 1097-1130.

Aerson M., et al., "Cost Behavior & Fundamental Analysis of SG&A Costs", *Journal of Accounting Auditing & Finance*, Vol. 22, No. 1, 2007, pp. 1-28.

Aharony J., et al., "Initial Public Offerings, Accounting Choices, and Earnings Management", *Contemporary Accounting Research*, 1993, p. 10.

Aharony J., et al., "Tunneling as an Incentive for Earnings Management During the IPO Process in China", *Journal of Accounting & Public Policy*, Vol. 29, No. 1, 2010, pp. 1-26.

Albuquerque A. M., "Peer Choice in CEO Compensation", *Journal of Financial Economics*, Vol. 108, 2013, pp. 160-181.

Ana M. Albuquerque, et al., "Peer Choice in CEO Compensation", *Journal of Financial Economics*, Vol. 108, No. 1, 2013, pp. 160-181.

Andrew R. Jackson, "Trade Generation, Reputation, and Sell-Side Analysts", *The Journal of Finance*, Vol. 60, No. 2, 2003, pp. 673-717.

Ang J. and Boyer C., "Finance and Politics: the Wealth Effects of Special Interest Group Influence During the Nationalisation and Privatisation of Conrail", *Cambridge Journal of Economics*, Vol. 31, No. 2, March 2007, pp. 193-215.

APR and BTVDG, et al., "Earnings Management and Initial Public Offerings: Evidence from the Netherlands", *International Journal of Accounting*, Vol. 38, No. 3, 2000, pp. 243-266.

Bottazzi L., et al., "Who are the Active Investors?: Evidence from Venture Capital". *Journal of Financial Economics*, Vol. 89, No. 3, 2008, pp. 488-512.

Boubakri N., et al., "Political connections and the cost of equatiy capital", *Journal of Corporate Finance*, Vol. 18, No. 3, 2012, pp. 541-559.

Bowbakri N., et al., "Political connections of Newly Privatized Firms", *Jowrnal of Corporate Finance*, Vol. 14, No. 5, pp. 654-673.

Busaba W. Y., Chang C., "Bookbuilding vs. Fixed Price Revised: The Effect of Aftermarket Trading", *Journal of Corporate Finance*. Vol. 16, No. 3, 2010, pp. 370-381.

Booth J. R. and Snith R. L., "Capital raisiny, undewriting and the certification hypothesis", *Journalf Financial Economics*, Vol. 15, No. 12, 1986, pp. 261-281.

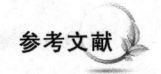

Booth J. R. and Deli D. N., "On Executives of Financial Institutions as Outside Directors", *Journal of Corporate Finance*, Vol. 5, No. 3, 1999, pp. 227-250.

Cater. R., et al., "Vnder reputation, initiol recuns, and the logran peformance of IPO Staks", *Journal of Finance*, Vol. 53, 1998, pp. 285-311.

Chemmanur T. J. and Loutskina E, "The Role of Venture Capital Backing in Initial Public Offerings: Certification, Screening, or Market Power?" *Ssrn Electronic Journal*, 2005.

Chen C. et al., "Underwriter Reputation, Issuer Ownership, and Pre-IPO Earnings Management: Evidence from China", *Finance Management*, Vol. 42, No. 3, 2013, pp. 647-677.

Claessens S. and Djankov S., "Privatization Benefits in Eastern Europe", *Journal of Public Economics*. Vol. 83, No. 3, 2002, pp. 307-324.

Cumming D. and Dai N., "Local Bias in Venture Capital Investments", *Journal of Empirical Finance*, Vol. 17, No. 3, 2010, pp. 362-380.

Davis A. K., et al., "Beyond the Numbers: Measuring the Information Content of Earnings Press Release Language", *Contemporary Accounting Research*, Vol. 29, No. 3, 2012, pp. 845-868.

Demerjian, et al., "Managerial Ability and Earnings Quality", *Accounting Review*, Vol. 88, No. 2, 2013, pp. 463-498.

Di Maggio P. J. and Powell W. W., "The Iron Cage Revisited: Institutional Isomorphism and Collective Rationality in Organization Field", *American Sociological Review*, Vol. 48, No. 2, 1983, pp. 147-160.

Ducharme L. L., et al., "Earnings Management: IPO Valuation and Subsequent Performance", *Journal of Accounting, Auditing and Finance*, Vol, 16, No. 4Chen C. et al., "Underwriter Reputation, Issuer Ownership, and Pre-IPO Earnings Management: Evidence from China", *Fi-*

nance Management, Vol. 42, No. 3, 2013, pp. 647 - 677. , 2001, pp. 369-396.

Dunbar C. G. , "Factors Affecting Investment Bank Initial Public Offering Market Share", Journal of Financial Economics, Vol. 55, No. 1, 2000, pp. 3-41.

Engrld and Keilbach M. , "Firm Level Implications of Early Stage Venture Capital Investment-An Empirical Investigation", Journal of Empirical Finance, Vol. 14, No. 2, 2007, pp. 150-167.

Faccio, et al. , "Sudden Deaths: Taking Stock of Geographic Ties", Journal of Financial & Quantitative Analysis, Vol. 30, No. 6042, 2009, pp. 1-55.

Faccio M. and Masulis R. W. , "Politically Connected Firms", Journal of Finance, Vol. 96, No. 1, 2006, pp. 369-386.

Fan J. P. H. , et al. , "Politically Connected CEOs, Corporate Governance, and Post-IPO Performance of China's Newly Partially Privatized Firms", Journal of Applied Corporate Finance, Vol. 26, No. 3, 2007, pp. 85-95.

Fee C. E. , et al. , "Investment, Financing Constraints, and Internal Capital Markets: Evidence from the Advertising Expenditures of Multinational Firms", The Review of Financial Studies, Vol. 22, No. 6, 2009, pp. 2361-2392.

Ferrary M. and Granovetter M. , "The role of venture capital firms in Silicon Valley's complex innovation network", Economy and Society, Vol. 38, No. 2, 2009, pp. 326-359.

Fisman R. , "It's Not What You Know: Estimating the Value of Political Connections", American Economic Review, Vol. 9, No. 14, 2001, pp. 1095-1102.

Fombrun C. and Shanley M. , "What's in A Name? Reputation Building and Corporate Strategy", Academy of Management Journal, Vol. 33, No. 2, 1990, pp. 233-258.

Friedlan J. M., "Accounting choices of issuers of initial public offerings", *Contemporary Accounting Research*, Vol. 11, No. 1, 1994, pp. 1–32.

Friedman E., et al., "Propping and tunneling", *Journal of Comparative Economics*, Vol. 31, No. 4, 2003, pp. 732–750.

Gray E. R. and Balmer J. M. T., "Managing Corporate Image and Corporate Reputation", *Long Range Planning*, Vol. 31, No. 5, 1998, pp. 695–702.

Gu Z., et al., "Monitors or Predators: The Influence of Institutional Investors on Sell-Side Analysts", *Social Science Electronic Publishing*, Vol. 88, No. 1, 2013, pp. 137–169.

Hadlock C. J. and Pierce J. R., "New Evidence on Measuring Financial Constraint: Moving beyond the KZ Index", Review of Financial Studies No. 23, 2010, pp. 1909–1940.

Healy P. M. and Wahlen J. M., "A Review of the Earnings Management Literature and its Implications for Standard Setting", *Accounting Horizon*, Vol. 13, No. 4, 1999, pp. 365–383.

Hellmann T. A., "A Theory of strategic venturn investing", Journal of Financial Econowics, Vol. 64, No. 2, 2002, pp. 285–314.

Ijaz K. A. and Atif M., "Do Lenders Favor Politically Connected Firms? Rent Provision in an Emerging Financial Market", *Quarterly Journal of Economics*, Vol. 120, No. 4, 2005, p. 4.

Iqbal A. et al., "Earnings management around UK open offers", *The European Journal of Finance*, Vol. 15, No. 1, 2009, pp. 29–51.

Jackson, A. R., "Trade generation, reputation, and sell-side analysts", *The Journal of Finance*, No. 60, 2005, pp. 673–717.

James R., et al., "On Executives of Financial Institutions as Outside Directors", *Journal of Corporate Finance*, vol. 5, No. 3, 1999, pp. 227–250.

Jarvenpaa S. L., et al., "Consumer Trust in an Internet Store", *In-*

formation Technology and Management, Vol. 1, 2000, pp. 227-250.

Kabir R., Roosenboom P., "Can The Stock Market Anticipate Future Operating Performance? Evidence from Equity Rights Issues", *Journal of Corporate Finance*, Vol. 9, No. 1, 2003, pp. 93, pp. 21.

Khwaja A. I. and Mian A., "Unchecked Intermediaries: Price Manipulation in An Emerging Stock Market", *Journal of Financial Economics*, Vol. 78, No. 1, 2005, pp. 203-241.

Khan A., et al., "Corporate Political Connections, Agency Costs and Audit Quality", *International Journal of Accounting & Information Management*, Vol. 24, No. 04, 2016, pp. 357-374.

Lawrence D. Brown and Robert L., "Security Analyst Superiority Relative to Univariate Time-series Models in Forecasting Quarterly Earnings". *Journal of Accounting and Economics*, Vol. 9, No. 1, 1987, pp. 61-87.

Lee P. M. and Wahal S., "Grandstanding, Certification and the Underpricing of Venture Capital Backed IPOs", *Journal of Financial Economics*, Vol. 73, No. 2, 2004, pp. 375-407.

Li F., "Textual Analysis of Corporate Disclosures: A Survey of the Literature", *Journal of Accounting Literature*, Vol. 29, 2010, pp. 143-165.

Lieberman M. B., and Asaba S., "Why Do Firms Imitate Each Other?", *Academy of Management Review*, Vol. 32, No. 2, 2006, pp. 366-395.

Liu B. and K. Wang, "The Employees' Self-Interest and the Underwriter Reputation Effects", *China Finance Review International*, Vol. 5, No. 3, 2015, pp. 236-257.

Liu Q., et al., "Does Political Capital Create Value in the IPO Market? Evidence from China", *Journal of corporate Finance*, Vol. 23, Deconber 2013, pp. 395-413.

Maignan I. and Ferrell O., "Corporate Social Responsibility and Marketing: An Integrative Framework", *Academy of Marketing Science*, Vol. 32, No. 1, 2004, pp. 3-19.

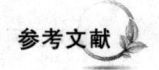

Marquis C. and A. Tilcsik, "Imprinting: Toward a Multilevel Theory", *Academy of Management Annals*, Vol. 7, No. 1, 2013, pp. 195-245.

Nanda R. and Rhodes-Kropf M., "Financing entrepreneurial experimentation", *Innovation Policy and the Economy*, Vol. 16, No. 1, 2016, pp. 1-23.

Netter J., et al., "The Rise of Corporate Governance in Corporate Control Research", *Journal of Corporate Finance*, Vol. 15, No. 1, 2009, pp. 1-9.

Oliver E. Williamson, "Markets and klierarchies: Anglysis and, Antitrust Implications", *Astudy in the Economics of Internal Organization The Economic Journal*, Vol. 86, No. 343, 1975, pp. 619-621.

Paul K., et al., "The effect of Reporting Restructuring Charges on Analysts Forecast Revisions and Errors", *Journal of Accounting and Economics*, Vol. 27, No. 3, June 1999, pp. 261-284.

Payne S. and Calton J., "Exploring Research Potentials and Applications for Multi-Stakeholder Learning Dialogues", *Journal of Business Ethics*, Vol. 55, 2004, pp. 77-78.

Pfeffer J. and Salancik G. R., "Social Control of Organizations", *British Journal of Socioloty*, Vol. 23, No. 4, 1978, pp. 406-421.

Pfeffer J., "Merger as Response to Organizational Interdependence", *Administrative Science Quarterly*, Vol, 17, No. 3, 1972, pp. 382-394.

Pieper T. M., et al., "The Persistence of Multifamily Firms: Founder Imprinting, Simple Rules, and Monitoring Processes", *Entrepreneurship Theory and Practice*, Vol. 39, No. 6, 2015, pp. 1313-1337.

Piotroski J. D. and Zhang T., "Politicians and the IPO Decision: The Impact of Impending Political Promtions on IPO Activity in China", *Journal of Finarcial Economics*, Vol. 111, 2014, pp. 111-136.

Roger C. Lister, "Bank Behavior, Regulation, and Economic Development: California", *The Journal of Economy History*, Vol. 1, 1983.

Rumokoy L. J., et al., "Underwriter network structure and political connections in the Chinese IPO market", *Pacific-Basin Finance Journal*, Vol. 54, 2019, pp. 199-214.

Sahlman W. A., "The Structure and Governance of Venture-capital Organizations", *Journal of Financial Economics*, Vol. 27, No. 2, 1990, pp: 473-521.

Sirgy M. J., "Measuring Coporate Performance by Building on The Stakeholder Model of Business Ethics", *Journal of Business Ethics*, Vol. 35, 2012, pp. 143-162.

Sorenson O. and Stuart T. E., "Bringing the Context Back in: Settings and the Search for Syndicate Partners in Venture Capital Investment Networks", *Administrative Science Quarterly*, Vol. 53, No. 2, 2008, pp. 266-294.

Sorenson O. and Stuart T. E., "Syndication Networks and the Spatial Distribution of Venture Capital Investments", *American Journal of Sociology*, Vol. 106, No. 6, 2001, pp. 1546-1588.

Stieb J. A., "Assessing Freeman's Stakeholder Theory", *Journal of Business Ethics*", Vol. 87, No. 3, 2009, pp. 401-414.

Suzuki Y., "Collusion in Organizations and Management of Conflicts through Job Design and Authority Delegation", *Journal of Economic Research*, Vol. 12, No. 2, 2007, pp. 203-241.

Teoh S. H., et al., "Earnings Management and the Underperformance of Seasoned Equity Offerings", *Journal of Financial Economics*, Vol. 50, No. 1, 1998, pp. 63-99.

Tirole J., "Collusion and the Theory of Organizations, in Jean-Jacques Lafont", *Advances in Economic Theory: Proceedings of the Sixth World Congress of the Econometric Society*, Cambridge: Cambridge University Press, 1992.

Tirole J., "Hierarchies and Bureaucracies: On the Role of Collusion in Organizations", *Journal of Law, Economics, and Organizations*, Vol. 2, No. 2, 1986, pp. 184-214.

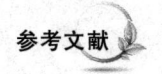

Yu W. and Zheng Y. , "Government Regulation, Corporate Board, and Firm Value: Evidence from China", *Journal of International Financial Management & Accounting*, Vol. 25, No. 2, 2014, pp. 182-208.

Zhang Y. and Wiersema M. F. , "Stock Market Reaction to CEO Certification: The Signaling Role of CEO Background", *Strategic Management Journal*, Vol. 30, No. 7, 2009, pp. 693-710.